KOCHEN MIT KNOLLEN UND WURZELN

KOCHEN MIT KNOLLEN UND WURZELN

Parragon

Bath • New York • Cologne • Melbourne • Delhi
Hong Kong • Shenzhen • Singapore • Amsterdam

This edition published by Parragon Books Ltd

Parragon Books Ltd
Chartist House
15–17 Trim Street
Bath BA1 1HA, UK
www.parragon.com

Neue Rezepte: Sarah Bush
Einleitung und zusätzliche Texte: Christine McFadden
Neue Fotografien: Mike Cooper
Ernährungswissenschaftliche Beratung: Lincoln Jefferson
Zusätzliche Gestaltung: Geoff Borin
Illustrationen Innenteil: Julie Ingham und Nicola O'Byrne

Realisation der deutschen Ausgabe: trans texas publishing service GmbH, Köln
Lektorat: Christina Kuhn, Köln

ISBN 978-1-4723-8039-5

Printed in China

Hinweis
Ein Esslöffel entspricht 15 ml, ein Teelöffel entspricht 5 ml. Sofern nicht anderes angegeben, wird Vollmilch (3,5%) verwendet. Bei einzelnen Obst- und Gemüsesorten werden stets mittelgroße Exemplare verwendet, Eier haben die Größe M. Mit Pfeffer ist stets frisch gemahlener schwarzer Pfeffer aus der Mühle gemeint. Wenn nicht anders beschrieben, sollten alle Obst- und Gemüsesorten vor der Verwendung sorgfältig gewaschen und je nach Sorte geschält werden. Zubereitungen mit rohen oder halb rohen Eiern sollten von Kindern, Senioren, Schwangeren und Rekonvaleszenten gemieden werden.

Garnierungen und Dekorationen sind nicht unbedingt in der Zutatenliste oder Zubereitung aufgeführt. Die angegebenen Zeiten sind lediglich Richtwerte. Die Vorbereitungszeit ist von der verwendeten Technik abhängig, die Backzeit kann von Ofen zu Ofen variieren. Zutaten, die nach Belieben zugefügt werden, und Variationsvorschläge sind in der Angabe für die Zubereitungszeit nicht mitberücksichtigt.

Bildnachweis
Der Verleger dankt für die Abdruckrechte an folgenden Abbildungen: Umschlag vorn: Illustrationen mit freundlicher Genehmigung von iStock; Seite 13: Gemüsevielfalt aus der Kiste © Beyond fotomedia/Junos; Seite 75: Stillleben Karotten und Rote Beten im Durchschlag © Aurora Open/Justin Baille; Seite 112: Verschiedene Bio-Rote-Beten © The Agency Collection/Mint Images/ Tim Pannell; Seite 113: Radieschen © Image Source.

INHALT

DER WURZEL AUF DER SPUR!

Für viele ist Wurzelgemüse nichts als eintönige Hausmannskost. Genau betrachtet sind sie aber wahre Schätze voller überraschender Aromen in einer Vielzahl von Farben, die verborgen in der Erde liegen. Streng botanisch sind nicht alle Wurzeln, einige sind Knollen – eine Verdickung des Sprosses. Dazu zählen Kartoffeln, Yamswurzel und Topinambur, während Rote Beten, Karotten und Radieschen echte Wurzeln sind.

ROTE BETE
Rote Beten wachsen in vielen verschiedenen Farben wie dem prächtigen Tiefrot, Sonnengelb, rosa-weiß gestreift, und Weiß. Der leicht erdige, süßliche Geschmack hat eine bittere Note und passt hervorragend zu Rettich, Buttermilch, Wacholder und Dill.

KAROTTE
Karotten stärken nicht nur das Sehvermögen, sie sind in ihren vielen verschiedenen Farben und Größen auch schön anzuschauen. Neben den herkömmlichen orangen Karotten gibt es auch rote, violette und weiße Sorten.

KNOLLENSELLERIE
Mit ihrer narbigen Haut und der unscheinbaren Farbe ist Sellerie nicht gerade die hübscheste Wurzelknolle. Aber der Geschmack macht das wieder wett. Im Zusammenspiel mit der stärkehaltigen Kartoffel entfaltet der frische Sellerie sein Aroma am besten.

TOPINAMBUR
Die längliche Wurzelknolle variiert von einem schmutzigen Beige zu einem leichten Rosaton. Sie hat einen charakteristischen erdigen und nussigen Geschmack, ähnlich der Artischocke.

PASTINAKE

Pastinaken sind eine Zeit lang in Vergessenheit geraten, doch in der letzten Zeit haben sie auf Wochenmärkten und im Bio-Laden wieder einen Stammplatz. Sie können sowohl schmal und nach unten hin verjüngt sein als auch schwer und dickbauchig. Das elfenbeinfarbene Fleisch schmeckt süßlich frisch.

KARTOFFEL

Kartoffeln können in der Größe stark variieren – von riesigen Backkartoffeln bis zu kleinen Frühkartoffeln. Auch die Farbe kann je nach Sorte ganz unterschiedlich sein. Mehligkochende Kartoffeln eignen sich gut zum Stampfen, festkochende für Salate und Bratkartoffeln.

RETTICH

Rettiche gibt es in verschiedenen Ausprägungen, bei uns sind vor allem der Weiße Sommerrettich, der Schwarze Winterrettich und der Mairettich bekannt. Rettich gehört in die Familie der Kreuzblütler und ist mit Kohl und Radieschen verwandt.

STECKRÜBE

Die Steckrübe ist mit ihrer zweifarbigen Schale unverkennbar – oben violett, unten gelblichweiß. Ihr gelbliches Fleisch eignet sich bestens zum Stampfen, Braten und Grillen und geraspelt sogar für Salate.

SÜSSKARTOFFEL

Die am weitesten verbreitete Sorte dieses Knollengewächses hat eine orangebraune Schale und ein leuchtend oranges, süßliches Fruchtfleisch. Sie schmeckt gegrillt, zerstampft und gebacken sehr gut, aber auch in süßen Kuchen.

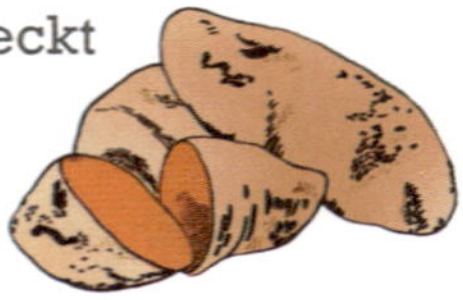

WEISSE RÜBEN

Auch Herbstrübe genannt, ist die Weiße Rübe mit der Steckrübe und dem Rettich verwandt. Es gibt sie sowohl als lang gestreckte wie auch kugelige Sorte, wobei ihr Fleisch sehr mild und süßlich ist.

YAMSWURZEL

Aus der asiatischen Küche nicht wegzudenken, hat diese Wurzel erst seit Kurzem den Weg zu uns gefunden. Ihr cremigweißes, klebriges Fleisch kann gekocht, gebacken, gebraten oder gestampft werden.

DAS GUTE AN WURZELN

Eine gesunde Lebensweise steht in engem Zusammenhang mit einer Ernährung, die reich an Gemüse ist. Experten weltweit sind sich einig, dass viele chronische und lebensbedrohende Erkrankungen wie Herzkrankheiten und Krebs vermieden werden könnten, wenn allgemein mehr Gemüse und Obst verzehrt werden würde.

Gemüse enthält nicht nur Vitamine, Mineralien und Ballaststoffe, sondern auch Antioxidantien, eine Gruppe von Nährstoffen, die den Körper schützen, indem sie freie Radikale binden. Man geht davon aus, dass diese die DNA schädigen – die genetische Anlage in den Zellkernen –, sodass sich als Folge davon Krebs entwickeln kann. Freie Radikale werden von vielen auch für verschiedene andere Krankheiten wie vorzeitige Alterung, Arteriosklerose, Diabetes mellitus und Alzheimer verantwortlich gemacht.

Auch wenn Wurzelgemüse gern übersehen wird, haben die einzelnen Sorten doch viele ernährungstechnische Vorzüge. Alle enthalten komplexe Kohlenhydrate, die langsam vom Blut aufgenommen werden und somit für ein längeres Sättigungsgefühl sorgen. Bis auf Kartoffeln und Pastinaken haben alle Wurzelgemüsesorten einen niedrigen glykämischen Index, gegebenenfalls können Sie diese durch Süßkartoffeln ersetzen.

Wurzeln enthalten gesunde Ballaststoffe, sowohl solche, die Blut- und Blutzuckerwerte regulieren, als auch solche, die die

Verdauung anregen. Besonders ballaststoffreiche Sorten wie alte Karotten oder Pastinaken haben holzige Substanzen, von denen man annimmt, dass sie den Cholesterinspiegel im Blut senken und somit Arterienverkalkung vorbeugen.

Einige Wurzelgemüse haben spezielle Eigenschaften. So enthält Rote Bete beispielsweise Betalaine, eine Gruppe von Fruchtfarbstoffen, die als Antioxidantien wirken. Diese sind zudem entzündungshemmend und helfen bei der Bildung von Enzymen, die gefährliche Stoffe in den Zellen binden, sodass sie vom Körper ausgeschieden werden können.

Wie ihr Name schon sagt, sind Karotten schließlich reich an Karotinoiden, dem orangen Farbstoff, der auch in Süßkartoffeln enthalten ist. Karotinoide enthalten nicht nur Betacarotin, das auch Provitamin A genannt wird, sondern auch Alphacarotin und Lutein, die vor Krebs schützen sollen. Der Verzehr von einer Karotte pro Tag soll angeblich die Nachtsicht verbessern.

AUGEN AUF BEIM KAUF!

Wurzelgemüse ist relativ preiswert und gut zu lagern. Obendrein ist es leicht erhältlich.

IN DER STADT

Supermärkte sind sehr praktisch, aber nicht die beste Wahl. Asiatische oder afrikanische Geschäfte sind eine wahre Fundgrube. Hier bekommen Sie Süßkartoffeln, Yams und eine Reihe anderer Wurzelsorten, die Sie einmal probieren sollten. Natürlich haben traditionelle Gemüsehändler auch eine große Auswahl und auf dem Wochenmarkt wird immer frische, saisonale Ware angeboten. Achten Sie beim Einkauf darauf, dass das Gemüse weder zu warm noch zu hell gelagert wird, weil es sonst schnell verdirbt.

AUF DEM LAND

Bauernläden sind an Frische und Qualität kaum zu überbieten. Das Gemüse stammt in der Regel von einem Bauernhof aus der Region. Ob sich der Weg zu einem Bauernhof lohnt, ist fraglich, denn Sie fahren ja auch einige Kilometer, um an Ihr Gemüse zu kommen. Allerdings haben Sie beim Direktkauf auch weniger Verpackungsmüll, da Bauern ihre Ware in der Regel direkt aus der Kiste verkaufen – ungeachtet optischer Mängel.

DIE GEMÜSEKISTE

Wenn Sie wenig Zeit haben und auf frisches Gemüse nicht verzichten wollen, ist eine Gemüsekiste für Sie ideal. Auch in der Stadt gibt es verschiedene Anbieter, die jede Woche eine Kiste mit Gemüse der Saison in Ihrer Wunschgröße zusammenstellen und Ihnen ins Haus liefern. Sie haben die Möglichkeit, bestimmte Sorten auszuschließen, allerdings haben manche auch sehr lange Saison, und da ist Fantasie gegen die Eintönigkeit gefragt!

BIO-GEMÜSE

Gerade Wurzelgemüse speichert sehr viele Herbizide, Pestizide und Fungizide, die in den Boden gelangen, sodass Bio-Ware für Sie interessant sein könnte. Diese ist zwar etwas teurer als konventionell gezogenes Gemüse, aber im Allgemeinen ist Bio-Gemüse wesentlich geschmacksintensiver. Die meisten Supermärkte haben mittlerweile ein Bio-Sortiment, allerdings stammt das Gemüse nicht immer aus der Region. Deshalb ist ein Bio-Supermarkt oder Bio-Laden vorzuziehen.

SELLERIESUPPE MIT KNUSPERSTANGEN

PORTIONEN: 4 **ZUBEREITEN: 15 MIN.** **GAREN: 45 MIN.**

ZUTATEN

3 EL Olivenöl

1 Zwiebel, gehackt

1 Selleriestange, in Stücke geschnitten

1 l Gemüsebrühe

1 kleines Bund frisch gehackter Thymian

Salz und Pfeffer

frische Thymianblätter, zum Garnieren

KNUSPERSTANGEN

375 g fertiger Blätterteig

Mehl, zum Bestäuben

1 Ei, verquirlt

100 g Parmesan, fein gerieben

Butter, zum Einfetten

Pfeffer

1. Das Öl auf mittlerer Stufe in einem großen Topf erhitzen, die Zwiebel hineingeben und 4–5 Minuten glasig dünsten.

2. Den Sellerie zufügen und unter Rühren 3–4 Minuten mitdünsten. Brühe und Thymian zugeben und 25 Minuten köcheln lassen, bis der Sellerie weich ist. Inzwischen den Backofen auf 200 °C vorheizen.

3. Für die Knusperstangen den Blätterteig auf der bemehlten Arbeitsfläche ausrollen. Mit der Hälfte vom Ei bestreichen, mit der Hälfte des Käses belegen und kräftig mit Pfeffer bestreuen.

4. Den Blätterteig auf die Hälfte falten. Mit dem restlichen Ei bestreichen und mit dem restlichen Käse belegen. Mit Pfeffer bestreuen. Zwei Backbleche leicht einfetten und mit Backpapier auslegen.

5. Den Teig in 1 cm dicke Streifen schneiden. Der Länge nach spiralförmig verdrehen. Auf die vorbereiteten Backbleche legen und 5 Minuten im vorgeheizten Ofen backen, bis sie knusprig hellbraun sind.

6. Die Suppe mit einem Stabmixer im Topf pürieren und langsam erhitzen. Mit Salz und Pfeffer abschmecken. Die Suppe in vorgewärmte Schüsseln füllen, mit Thymianblättern garnieren und mit den warmen Knusperstangen servieren.

SÜSSKARTOFFEL-APFEL-SUPPE

PORTIONEN: 6 **ZUBEREITEN: 15 MIN.** **GAREN: 45 MIN.**

ZUTATEN

1 EL Butter

3 Porreestangen, in feinen Ringen

1 große Karotte, in feinen Ringen

600 g Süßkartoffeln, gewürfelt

2 große Braeburn-Äpfel, geschält, entkernt und gewürfelt

1,2 l Wasser

frisch geriebene Muskatnuss

250 ml Apfelsaft

250 g Sahne

Salz und Pfeffer

frisch gehackter Schnittlauch oder Koriander, zum Garnieren

1. Die Butter in einem großen Topf bei mittlerer Hitze zerlassen.

2. Den Porree zugeben, abdecken und unter häufigem Rühren 6–8 Minuten dünsten, bis er weich ist.

3. Karotte, Süßkartoffeln, Äpfel und Wasser zufügen. Mit Salz, Pfeffer und Muskatnuss würzen. Alles zum Kochen bringen, die Hitze reduzieren und unter gelegentlichem Rühren 20 Minuten abgedeckt köcheln lassen, bis das Gemüse weich ist.

4. Die Suppe leicht abkühlen lassen und mit einem Stabmixer im Topf pürieren.

5. Den Apfelsaft einrühren und auf niedriger Stufe 10 Minuten erhitzen, bis die Suppe heiß ist.

6. Die Sahne einrühren und unter häufigem Rühren 5 Minuten weitererhitzen, bis alles heiß ist. Mit Salz, Pfeffer und Muskatnuss abschmecken.

7. Die Suppe auf vorgewärmte Schüsseln verteilen und mit Schnittlauch garniert servieren.

EXTRA TIPP

Diese Suppe eignet sich wunderbar zur Verwertung einer reichen Apfelernte. Sie können sie auch mit frischen Apfelscheiben garniert servieren.

3
1
5

TOPINAMBUR-SUPPE

PORTIONEN: 4–6 **ZUBEREITEN: 15 MIN.** **GAREN: 45 MIN.**

ZUTATEN

50 g Butter

2 Zwiebeln, gehackt

700 g Topinamburen, in Scheiben geschnitten und in Wasser eingelegt, damit sie sich nicht verfärben

850 ml Gemüsebrühe

300 ml Milch

Salz und Pfeffer

CROÛTONS

4 EL Pflanzenöl

2 Scheiben Weißbrot vom Vortag, Rinde entfernt und in 1-cm-Würfel geschnitten

1. Für die Croûtons das Öl auf mittlerer Stufe in einer Pfanne erhitzen. Die Brotwürfel nebeneinander in die Pfanne geben und braten. Dabei gelegentlich rühren, bis die Würfel knusprig sind.

2. Die Croûtons aus der Pfanne nehmen und auf Küchenpapier abtropfen lassen.

3. Die Butter bei mittlerer Hitze in einem Topf zerlassen. Die Zwiebeln zugeben und weich dünsten.

4. Die abgetropften Topinamburen einrühren. Den Topf abdecken und 10 Minuten dünsten.

5. Die Brühe zugießen und zum Kochen bringen. Die Hitze reduzieren und abgedeckt 20 Minuten köcheln lassen.

6. Den Topf vom Herd nehmen und abkühlen lassen. Die Suppe mit einem Stabmixer im Topf pürieren. Die Milch einrühren und mit Salz und Pfeffer abschmecken. Erneut erhitzen.

7. Die Suppe auf vorgewärmte Schüsseln verteilen, mit Croûtons bestreuen und sofort servieren.

EXTRA TIPP

Die Suppe sollte vor dem Pürieren auf jeden Fall etwas abkühlen, damit Sie sich während des Pürierens nicht an Spritzern verbrühen.

BACKOFENGEMÜSESUPPE MIT INGWER

PORTIONEN: 4–6 **ZUBEREITEN: 20 MIN.** **GAREN: 45 MIN.**

ZUTATEN

1 Zwiebel
½ kleine Steckrübe
1 Süßkartoffel
2 Karotten
1 Kartoffel
5 EL Olivenöl
2 EL Tomatenmark
¼ TL Pfeffer
2 große Knoblauchzehen, geschält
2 EL Erdnussöl
2 x 5-cm-Stück frische Ingwerwurzel, geraspelt
850 ml heiße Gemüsebrühe
½ TL Meersalz

ZUM GARNIEREN

Crème fraîche
frische, grob gehackte glatte Petersilie

1. Den Backofen auf 190 °C vorheizen. Zwiebel, Steckrübe, Süßkartoffel, Karotten und Kartoffel schälen und in gleich große Stücke schneiden.

2. Olivenöl, Tomatenmark und Pfeffer in einer großen Schüssel vermischen. Gemüse und Knoblauch darin wenden.

3. Gemüse und Knoblauch auf einem Backblech gleichmäßig verteilen und 20 Minuten im Backofen rösten, bis der Knoblauch weich ist. Den Knoblauch entfernen und beiseitelegen. Das Gemüse weitere 10–15 Minuten rösten.

4. Inzwischen das Erdnussöl auf hoher Stufe in einer Pfanne erhitzen. Den Ingwer darin unter ständigem Rühren 1–2 Minuten knusprig braten. Den Ingwer sofort aus der Pfanne heben und diese mit Küchenpapier auswischen. Den Ingwer beiseitelegen und warm halten.

5. Knoblauch und Röstgemüse in eine Küchenmaschine geben und grob pürieren.

6. Das Püree in einen Topf geben und die Brühe zugießen. Salzen und 1–2 Minuten erhitzen, bis alles durchgewärmt ist.

7. Die Suppe auf vorgewärmte Schüsseln verteilen und je 1 Löffel Crème fraîche zugeben. Mit Knusperingwer und Petersilie bestreut servieren.

4

6

1

BORSCHTSCH

Borschtsch stammt ursprünglich aus Osteuropa. Emigranten haben das Rezept in die ganze Welt getragen, sodass das Gericht inzwischen ein osteuropäischer Klassiker ist.

PORTIONEN: 6 **ZUBEREITEN:** 15 MIN. **GAREN:** 1¼ STD.

ZUTATEN

1 Zwiebel
50 g Butter
350 g rohe Rote Bete, in Stifte geschnitten, und 1 rohe Rote Bete, geraspelt
1 Karotte, in Stifte geschnitten
3 Selleriestangen, in feine Ringe geschnitten
2 Tomaten, geschält, entkernt und gehackt
1,4 l Gemüsebrühe
1 EL Weißweinessig
1 EL Zucker
2 EL frisch gehackter Dill
120 g Weißkohl, geraspelt
150 g saure Sahne
Salz und Pfeffer
knuspriges Brot, zum Servieren

1. Die Zwiebel in Ringe schneiden. Die Butter in einem Topf zerlassen und die Zwiebeln zugeben. Unter gelegentlichem Rühren auf kleiner Stufe 3–5 Minuten dünsten, bis sie weich sind. Rote-Bete-Stifte, Karotte, Sellerie und Tomaten zugeben und unter häufigem Rühren 4–5 Minuten schmoren.

2. Brühe, Essig, Zucker und 1 Esslöffel Dill zugeben. Mit Salz und Pfeffer abschmecken. Zum Kochen bringen, die Hitze reduzieren und 35–40 Minuten köcheln lassen, bis das Gemüse weich ist.

3. Den Kohl einrühren, abdecken und 10 Minuten köcheln lassen. Die geraspelte Rote Bete mit dem ausgetretenen Saft zugeben und weitere 10 Minuten köcheln. Auf vorgewärmte Schüsseln verteilen. 1 Esslöffel saure Sahne darübergeben und mit den restlichen Dillspitzen bestreuen. Mit frischem knusprigem Brot heiß servieren.

EXTRA TIPP

Rote Bete ist reich an gesundheitsfördernden Nährstoffen. Sie enthält wichtige Vitamine und Mineralien sowie Antioxidantien.

KARTOFFEL-MAIS-RÖSTI MIT RELISH

PORTIONEN: 8

ZUBEREITEN: 20 MIN. PLUS RUHEN

GAREN: 20 MIN.

ZUTATEN

60 g Vollkornmehl
½ TL gemahlener Koriander
½ TL Kreuzkümmelsamen
¼ TL Chilipulver
½ TL Kurkuma
¼ TL Salz
1 Ei
3 EL Milch
350 g Kartoffeln
1–2 Knoblauchzehen, zerdrückt
4 Frühlingszwiebeln, gehackt
60 g Maiskörner
Pflanzenöl, zum Braten

ZWIEBEL-TOMATEN-RELISH

1 Zwiebel
250 g Tomaten
2 EL frisch gehackter Koriander
2 EL frisch gehackte Minze
2 EL Zitronensaft
½ TL geröstete Kreuzkümmelsamen
¼ TL Salz
1 Prise Cayennepfeffer

1. Für das Relish Zwiebel und Tomaten in kleine Würfel schneiden und mit den übrigen Zutaten in eine Schüssel geben. Gut vermischen und mindestens 15 Minuten vor dem Servieren ziehen lassen, damit sich die Aromen verbinden.

2. Das Mehl in eine Schüssel geben, mit Gewürzen und Salz vermischen und in die Mitte eine Mulde drücken. Ei und Milch zugeben und zu einem Teig verrühren.

3. Die Kartoffeln grob raspeln, in ein Sieb geben und unter fließend kaltem Wasser abspülen. Abtropfen lassen und das Wasser ausdrücken, dann mit Knoblauch, Frühlingszwiebeln und Mais in den Teig rühren. Gut vermischen.

4. Das Öl etwa 5 mm hoch in eine große Pfanne gießen und erhitzen. Esslöffelgroße Teigportionen für die Rösti nebeneinander in die Pfanne setzen. Bei kleiner Hitze 2–3 Minuten braten, dabei öfters wenden, bis die Rösti goldbraun und durch sind.

5. Die Rösti auf Küchenpapier abtropfen lassen und warm halten, während die restlichen gebraten werden. Heiß mit dem Relish servieren.

GEMÜSEKÖFTE MIT KARTOFFELPÜREE

PORTIONEN: 4 **ZUBEREITEN: 20 MIN. PLUS KÜHLEN** **GAREN: 30–35 MIN.**

ZUTATEN

KÖFTE

1 EL Olivenöl

25 g Frühlingszwiebeln, gehackt

1 Knoblauchzehe, gehackt

½ frische rote Chili, entkernt und fein gehackt

1 TL gemahlener Kreuzkümmel

450 g Karotten, gerieben

½ TL Salz

3 EL Erdnussbutter mit Stücken

25 g fein gehackter frischer Koriander, plus etwas mehr zum Garnieren

100 g frische Vollkorn-Semmelbrösel

Mehl, zum Bestäuben

Pflanzenöl, zum Braten

KARTOFFELPÜREE

900 g mehligkochende Kartoffeln, in Stücke geschnitten

3 EL Milch

50 g Margarine oder Butter

Salz und Pfeffer

1. Für die Köfte das Olivenöl in einem großen Topf auf mittlerer Stufe erhitzen. Frühlingszwiebeln, Knoblauch, Chili und Kreuzkümmel 2 Minuten darin rösten. Die Karotten einrühren, Salz zufügen und verrühren. Den Topf abdecken und 6–8 Minuten bei kleiner Hitze dünsten, bis die Karotten weich sind.

2. Die Karottenmischung in eine große Rührschüssel geben und mit Erdnussbutter und Koriander gründlich vermischen. Abkühlen lassen, dann die Semmelbrösel einrühren.

3. Auf der bemehlten Arbeitsfläche aus der Mischung 8 große Köfte rollen. Bis zu 1 Stunde in den Kühlschrank geben. Das Pflanzenöl in einer Pfanne auf mittlerer Stufe erhitzen und die Köfte darin unter gelegentlichem Wenden 10 Minuten braten, bis sie braun sind.

4. Inzwischen in einem großen Topf leicht gesalzenes Wasser zum Kochen bringen. Die Kartoffeln hineingeben, erneut aufkochen und 15–20 Minuten köcheln lassen, bis die Kartoffeln gar sind. In eine Rührschüssel umfüllen, Milch und Margarine zugeben und so lange stampfen, bis alle Klumpen aufgelöst sind. Mit Salz und Pfeffer abschmecken.

5. Das Kartoffelpüree auf vorgewärmte Teller verteilen und mit den Köfte belegen. Mit Koriander garnieren und servieren.

1

2

3

SÜSSKARTOFFEL-PFANNKUCHEN

PORTIONEN: 4 **ZUBEREITEN: 15 MIN.** **GAREN: 25 MIN.**

ZUTATEN

200 ml Milch

50 g Weizenmehl

50 g Kichererbsenmehl

100 g Süßkartoffeln, gerieben

1 kleine rote Zwiebel, fein gehackt

Pflanzenöl, zum Braten

FÜLLUNG

150 g frische Baby-Spinatblätter, zerzupft

20 g Rosinen

1 EL Olivenöl

30 g Pinienkerne

Salz und Pfeffer

1. Für die Füllung den Spinat in einen Topf auf mittlerer Hitze geben. 1 Spritzer Wasser zufügen und 2–3 Minuten kochen, bis der Spinat zusammenfällt. Auf einen Teller legen und fest mit Küchenpapier ausdrücken, damit so viel Wasser wie möglich herausgedrückt wird. Beiseitestellen.

2. Für die Pfannkuchen Milch, Weizenmehl und Kichererbsenmehl in eine große Schüssel geben. Süßkartoffeln und Zwiebel unterrühren.

3. Etwas Pflanzenöl in einer großen Pfanne auf hoher Stufe erhitzen und ein Viertel der Pfannkuchenmischung hineingeben. Dabei die Mischung mit einem Löffelrücken bis an den Rand der Pfanne verteilen. Auf jeder Seite unter einmaligem vorsichtigem Wenden 2–3 Minuten braten, bis der Pfannkuchen knusprig braun ist. Auf einen mit Küchenpapier ausgelegten vorgewärmten Teller legen und 3 weitere Pfannkuchen zubereiten.

4. Den Spinat mit Rosinen, Olivenöl und Pinienkernen bei mittlerer Hitze in den Topf geben. Mit Salz und Pfeffer abschmecken und 1 Minute garen, bis alles heiß ist. Ein Viertel der Mischung auf eine Hälfte eines Pfannkuchens legen. Die andere Hälfte darüberklappen. Die restlichen Pfannkuchen ebenso füllen und warm servieren.

1

2

4

FRISCHE GEHT VOR!

Beim Einkauf von Wurzelgemüse sollten Sie sehr kritisch sein. Wählen Sie Ihr Gemüse am besten immer selbst aus, damit Sie die bestmögliche Qualität erhalten.

Wurzelgemüse sollte sich prall und fest anfühlen und einen frischen Duft verströmen. Ideal sind Wurzeln, an denen noch Erde haftet, die gleichzeitig als Schutz dient und die Ware frisch hält. Daheim können Sie große Stücke abschütteln, aber behalten Sie sich das Waschen bis zur Verarbeitung vor.

Wenn Sie in Kunststoff eingepackte Ware im Supermarkt kaufen, fühlen Sie, ob das Gemüse fest ist und keine Beschädigungen aufweist.

KAROTTE

Wählen: festes Fleisch, knackt beim Brechen

Meiden: grüner Ansatz, Risse, ausgefranste Wurzeln, Schleim, braune Flecken, kleine Löcher (Zeichen für Schädlinge)

KARTOFFEL

Wählen: pralle Schale, festes Fleisch

Meiden: schwammige Textur, grüne Flecken, Risse, Schleim, Beschädigungen, Sprossen und Augen

PASTINAKE

Wählen: klein bis mittelgroß (große sind oft holzig), festes Fleisch

Meiden: schwammige Textur, Beschädigungen, löchriges Fleisch

RADIESCHEN

Wählen: leicht feuchte Schale, festes Fleisch, mit Grün

Meiden: schwammige Textur, Risse, Beschädigungen

ROTE BETE

Wählen: klein bis mittelgroß (große können holzig sein), mit Grün, festes Fleisch

Meiden: schwammige Textur, Risse, Beschädigungen

SELLERIE
Wählen: leicht feuchte Oberfläche, festes Fleisch, fühlt sich schwer an

Meiden: weiche Stangen, Beschädigungen, braune Flecken

STECKRÜBE
Wählen: klein bis mittelgroß (große können holzig sein), festes Fleisch, fühlt sich schwer an

Meiden: schwammige Textur, Risse, Beschädigungen

SÜSSKARTOFFEL
Wählen: pralle Schale, festes Fleisch

Meiden: schwammige Textur, Risse, Beschädigungen

TOPINAMBUR
Wählen: festes Fleisch, knackt beim Brechen

Meiden: schwammige Textur, trockene oder beschädigte Spitzen

WEISSE RÜBE
Wählen: klein bis mittelgroß (große können holzig sein), festes Fleisch

Meiden: löchrige Schale, Beschädigungen, schwammige Textur

YAMSWURZEL
Wählen: festes Fleisch und feste Haut, falls in Stücken verkauft, sollte das angeschnittene Ende glatt und in Folie gewickelt sein

Meiden: schwammige Textur, Risse, Schleim, Verformung

YAMS-RINDFLEISCH-TOPF MIT COUSCOUS

PORTIONEN: 4–6 **ZUBEREITEN: 15 MIN. PLUS MARINIEREN** **GAREN: 1½ STD.**

ZUTATEN

800 g Rinderschmorfleisch
2 Zwiebeln, gehackt
200 g Yamswurzeln, gewürfelt
200 g neue Kartoffeln, halbiert
400 g Kichererbsen aus der Dose, abgespült und abgetropft
400 g gehackte Tomaten aus der Dose
200 ml Rotwein oder Wasser
Salz und Pfeffer

MARINADE

2 EL Pflanzenöl
2 EL frisch gehackter Koriander
2 Zimtstangen
1 EL flüssiger Honig
1 TL Paprikapulver
1 TL gemahlener Kreuzkümmel
1 TL Harissa
1 TL Salz

COUSCOUS

200 g Couscous
1 EL grob gehackte frische glatte Petersilie
1 kleines Bund Frühlingszwiebeln, gehackt
Saft von 1 Zitrone
2 EL Olivenöl

1. Das Fleisch in 2,5 cm große Würfel schneiden und in eine große Schüssel geben. Die Zutaten für die Marinade zum Fleisch geben und gut verrühren. Abdecken und für 6 Stunden oder über Nacht in den Kühlschrank stellen.

2. Den Backofen auf 190 °C vorheizen. Fleisch und Marinade in einen Bräter geben, Zwiebeln, Yamswuzeln, Kartoffeln und Kichererbsen zufügen. Tomaten und Wein darübergeben und gut verrühren. 1 Stunde im Ofen garen.

3. Aus dem Ofen nehmen, durchrühren und abschmecken. Wenn die Flüssigkeit verkocht ist, etwas Wasser für die Sauce zugeben. Den Bräter wieder in den Ofen stellen und weitere 30 Minuten garen, bis das Fleisch gar ist.

4. Inzwischen den Couscous in eine Schüssel geben und 250 ml kochendes Wasser darübergießen. Nach Geschmack Salz zufügen und 5 Minuten ruhen lassen. Petersilie und Frühlingszwiebeln einrühren und Zitronensaft und Olivenöl darüberträufeln. Die Zimtstangen aus dem Fleischtopf nehmen und mit dem Couscous servieren.

1

2

3

ROTE-BETE-BURGER IM BRÖTCHEN

Rote Bete und Hirse geben diesen Burgern ein süßliches, erdiges Aroma, das durch die feinsäuerliche Joghurtsauce perfekt ergänzt wird.

PORTIONEN: 5

ZUBEREITEN: 30 MIN. PLUS KÜHLEN

GAREN: 35–40 MIN.

ZUTATEN

- 100 g Hirse, abgespült und abgetropft
- 175 ml Wasser
- 150 g rohe Rote Bete, geraspelt
- 30 g Karotte, geraspelt
- 175 g Zucchini, geraspelt
- 60 g Walnusskerne, fein gehackt
- 2 EL Apfelessig
- 2 EL Olivenöl, plus etwas mehr zum Braten
- 1 Ei, verquirlt
- 2 EL Speisestärke
- Salz und Pfeffer
- 5 Mehrkornbrötchen, halbiert, zum Servieren
- 5 Salatblätter, zum Servieren

JOGHURTSAUCE

- 225 g Naturjoghurt
- 2 Knoblauchzehen, fein gehackt

1. Die Hirse mit Wasser und 1 Prise Salz in einem Topf bei mittlerer Hitze zum Kochen bringen. Die Hitze auf niedrige Stufe reduzieren und die Hirse bei geschlossenem Deckel 20–25 Minuten garen. Den Topf vom Herd nehmen und die Hirse 5 Minuten bei geschlossenem Deckel quellen lassen.

2. Rote Bete, Karotte, Zucchini und Walnüsse in einer großen Schüssel mit Hirse, Essig, Öl, je ½ Teelöffel Salz und Pfeffer sorgfältig vermengen. Ei und Speisestärke einarbeiten. Abgedeckt im Kühlschrank 2 Stunden ziehen lassen.

3. Inzwischen für die Joghurtsauce den Joghurt in ein sehr feines Sieb geben und 30 Minuten abtropfen lassen. In eine Schüssel füllen und den Knoblauch unterrühren. Mit Salz und Pfeffer würzen.

4. Aus der Burgermasse 5 Bratlinge formen. Das restliche Öl in einer großen Pfanne auf mittlerer Stufe erhitzen. Die Bratlinge darin von jeder Seite 5 Minuten goldbraun braten.

5. Die unteren Brötchenhälften mit 1 Esslöffel Sauce bestreichen. Je 1 Bratling und 1 Salatblatt darauflegen. Mit der oberen Hälfte bedecken.

TOPINAMBUR MIT TOMATENSAUCE

Die unscheinbaren Topinamburen gehören zur Familie der Sonnenblumen, auch wenn ihr Geschmack an Artischocken erinnert. Es gibt viele verschiedene Zubereitungsmöglichkeiten, aber die einfache mit Tomatensauce bringt die Topinamburaromen am besten zur Geltung.

PORTIONEN: 4 **ZUBEREITEN: 15 MIN.** **GAREN: 25 MIN.**

ZUTATEN

450 g Topinamburen, in Scheiben gschnitten

Saft von ½ Zitrone

SAUCE

2 EL Olivenöl

1 große rote Zwiebel, fein gehackt

2 Knoblauchzehen, fein gehackt

500 g Mini-Romanatomaten, halbiert

3 sonnengetrocknete Tomaten, gehackt

200 ml trockener Weißwein

Salz und Pfeffer

2 EL frisch gehackte Basilikumblätter, zum Garnieren

1. Die Topinamburen in eine Schüssel mit Zitronenwasser geben und beiseitestellen.

2. Für die Sauce das Öl in einer Pfanne erhitzen. Die Zwiebel hineingeben und unter gelegentlichem Rühren bei kleiner Hitze dünsten. Den Knoblauch zugeben und 2 Minuten weiterdünsten. Alle Tomaten und den Wein zufügen. Mit Salz und Pfeffer abschmecken, zum Kochen bringen, dann die Hitze reduzieren und 10 Minuten köcheln lassen. Dabei gelegentlich die Pfanne rütteln.

3. Inzwischen Salzwasser in einem Topf zum Kochen bringen. Die Topinamburen hineingeben und 5–8 Minuten garen, bis sie weich sind. Abtropfen und auf eine vorgewärmte Servierplatte geben. Tomatensauce darübergeben und mit Basilikum garniert servieren.

2

3

HACKFLEISCHAUFLAUF MIT YAMSKRUSTE

PORTIONEN: 4 **ZUBEREITEN: 20 MIN.** **GAREN: 1½ STD.**

ZUTATEN

2 EL Pflanzenöl

2 Zwiebeln, gehackt

120 g Karotten, fein gehackt

120 g Steckrüben, fein gehackt

450 g Rinderhackfleisch

1 TL frisch gehackter Rosmarin

1 EL frisch gehackte Petersilie

1 EL Tomatenmark

1 EL Weizenmehl

400 g gehackte Tomaten aus der Dose

300 ml Rinderbrühe

½ TL Worcestersauce

einige Tropfen Tabasco

KRUSTE

900 g Yamswurzeln, in kleine, gleich große Stücke geschnitten

50 g Butter

2 Porreestangen, in sehr feinen Ringen

50 g reifer Emmentaler, gerieben

Salz und Pfeffer

1. Das Öl in einer großen Pfanne erhitzen, Zwiebeln, Karotten und Steckrüben auf hoher Stufe unter gelegentlichem Rühren 5 Minuten bräunen. Das Gemüse mit einem Schaumlöffel auf einen Teller geben. Das Hackfleisch bei hoher Hitze in die Pfanne geben und bräunen.

2. Kräuter, Tomatenmark und Mehl einrühren. Das gebratene Gemüse mit Tomaten und Brühe in die Pfanne geben. Mit Worcestersauce und Tabasco abschmecken. Zum Kochen bringen, die Hitze reduzieren und 30 Minuten köcheln lassen.

3. Inzwischen für die Kruste leicht gesalzenes Wasser in einem großen Topf zum Kochen bringen. Die Yamswurzeln 15–20 Minuten darin garen, bis sie weich sind. Abgießen, mit der Butter zurück in den Topf geben und zerstampfen. Mit Salz und Pfeffer abschmecken. Den Backofen auf 200 °C vorheizen.

4. Die Fleischmischung in eine Auflaufform geben und mit den zerstampften Yamswurzeln gleichmäßig belegen. Die Porreeringe darüberstreuen, dann den Käse darüber verteilen. Im vorgeheizten Backofen 35–40 Minuten backen, bis die Kruste goldgelb ist. Sofort servieren.

HUNGRIG ZU HAUSE!

SO GEHT'S!

Die Zubereitung von Wurzelgemüse mag etwas abschrecken, aber wenn Sie ein paar ganz einfache Kniffe beherrschen, ist es ein Kinderspiel!

1. Bei Roter Bete schneiden Sie zunächst Blätter und Stängel mit einem Messer ab. Dabei 2–3 cm des Stängels intakt lassen.

2. Die Rote Bete gründlich waschen.

3. Beim Schälen am besten Einweghandschuhe benutzen, damit sich die Hände nicht verfärben.

1. Die Schale vom Sellerie entfernen Sie mit einem scharfen Messer oder Sparschäler.

2. Schneiden Sie die Knolle mit einem Messer in Würfel.

3. Um Verfärbungen zu vermeiden, geben Sie die Würfel in eine Schüssel mit Wasser und beträufeln sie mit Zitrone.

KAROTTEN-ORANGEN-PFANNE

Nach einem langen Arbeitstag ist dies eine wunderbare Mahlzeit, die im Handumdrehen zubereitet ist. Das knackige Gemüse passt prima zur süßsauren Sauce.

PORTIONEN: 4 **ZUBEREITEN: 20 MIN.** **GAREN: 10 MIN.**

ZUTATEN

2 EL Sonnenblumenöl
450 g Karotten, grob geraspelt
225 g Porreestangen, in Streifen geschnitten
2 Orangen, geschält und filetiert
2 EL Tomatenketchup
1 EL Demerara-Zucker
2 EL helle Sojasauce
100 g Erdnusskerne, gehackt

1. Das Öl in einem Wok erhitzen. Karotten und Porree hineingeben und 2–3 Minuten pfannenrühren, bis das Gemüse weich wird.

2. Die Orangenfilets zufügen und erhitzen. Dabei vorsichtig rühren, damit sie nicht beschädigt werden.

3. Ketchup, Zucker und Sojasauce in einer kleinen Schüssel verrühren.

4. Die Ketchupmischung in den Wok geben und weitere 2 Minuten pfannenrühren.

5. Das Gemüse in eine vorgewärmte Schüssel geben und die Erdnüsse darüber verteilen. Sofort servieren.

EXTRA TIPP

Karotten zählen zu den gesündesten Wurzeln und sind reich an Antioxidantien, die den Körper vor vielen Krankheiten schützen. In diesem Gericht wird das Gemüse sehr schnell gegart, sodass die gesunden Inhaltsstoffe weitgehend erhalten bleiben.

TORTILLA MIT FETA & SPINAT

PORTIONEN: 4 **ZUBEREITEN: 10 MIN.** **GAREN: 40 MIN.**

ZUTATEN

250 g neue Kartoffeln, abgebürstet

85 g Baby-Spinatblätter

5 Eier

1 EL frisch gehackter Dill, plus etwas mehr zum Garnieren

1 EL Schnittlauchröllchen, plus etwas mehr zum Garnieren

120 g Feta, zerbröselt

10 g Butter

1 EL Olivenöl

Salz und Pfeffer

1. Leicht gesalzenes Wasser in einem Topf zum Kochen bringen, die Kartoffeln hineingeben und 25 Minuten köcheln lassen, bis sie gar sind. Den Spinat in einen Durchschlag geben und die Kartoffeln darüber abgießen. Zum Abkühlen kurz beiseitestellen.

2. Die Kartoffeln in 5 mm dicke Scheiben schneiden. Das restliche Wasser aus dem Spinat ausdrücken. Den Backofengrill auf höchster Stufe vorheizen.

3. Die Eier leicht verquirlen und Dill und Schnittlauch einrühren. Mit Pfeffer bestreuen und 90 g Feta zugeben. Die Butter mit dem Öl in einer hitzebeständigen Pfanne mit 20 cm ø zerlassen, bis die Butter schäumt. Kartoffelscheiben und Spinat hineingeben und 1 Minute rühren. Die Eier-Käse-Mischung darübergießen.

4. Unter Rühren 1 Minute weitergaren, bis das Ei leicht gestockt ist, dann weitere 2–3 Minuten, ohne zu rühren, garen, bis die Tortilla unten goldbraun ist. Mit dem restlichen Käse bestreuen und unter den vorgeheizten Grill schieben. 2 Minuten garen, bis die Tortilla oben goldbraun ist. Heiß oder kalt mit Dill und Schnittlauch garniert servieren.

1

3

4

WURZELGEMÜSE MIT PILZEN

In einem herzhaften Pfannengericht lassen sich verschiedene Aromen und Texturen wunderbar kombinieren. Wenn Sie gegen Ende der Garzeit Eier darüber aufschlagen, schmeckt es noch besser!

PORTIONEN: 4 **ZUBEREITEN:** 15 MIN. **GAREN:** 35 MIN.

ZUTATEN

3 EL Olivenöl
500 g Yamswurzeln, gewürfelt
280 g Steckrüben, gewürfelt
1 Zwiebel, gehackt
175 g Schinkenspeck
250 g Champignons, in Scheiben geschnitten
4 Eier
Salz und Pfeffer
frisch gehackte Petersilie, zum Garnieren

1. Das Öl in einer großen Pfanne auf hoher Stufe erhitzen. Yamswurzeln und Steckrüben zugeben, mit dem Öl überziehen und mit Salz und Pfeffer würzen. Unter gelegentlichem Rühren 10–15 Minuten braten, bis das Gemüse gerade weich ist.

2. Zwiebel und Speck zugeben, umrühren und weiterbraten, bis die Zwiebel weich und der Speck gar ist. Die Champignons einrühren, die Pfanne abdecken und weitere 5 Minuten garen.

3. Die Mischung an vier Stellen auseinanderschieben, und über jede 1 Ei aufschlagen. Die Pfanne wieder abdecken und weitere 3–4 Minuten garen, bis das Eiweiß gestockt ist, das Eigelb aber noch flüssig ist. Mit Petersilie garniert sofort servieren.

EXTRA TIPP

Yamswurzel ist eine sehr vielseitige Gemüsesorte, sie kann gebraten, frittiert, gegrillt oder gekocht werden – gerieben passt sie wunderbar in Desserts.

TOPINAMBUR-HASELNUSS-GRATIN

PORTIONEN: 4 **ZUBEREITEN: 20 MIN.** **GAREN: 45 MIN.**

ZUTATEN

750 g Topinamburen
Zitronensaft
4 EL Haselnusskerne ohne Haut, grob gehackt
25 g Butter, plus etwas mehr zum Einfetten
40 g grobe Ciabatta-Semmelbrösel
Salz und Pfeffer
gedämpfte Prinzessbohnen, zum Servieren

KNOBLAUCHRAHM

250 g Sahne
7 große Knoblauchzehen, leicht zerdrückt
1 Stück Zitronenschale
Saft von 1 Zitrone

1. Für den Knoblauchrahm Sahne, Knoblauch und Zitronenschale auf mittlerer Stufe in einem Topf erhitzen. 5 Minuten leicht köcheln lassen, bis die Sahne etwas eingekocht ist. Beiseitestellen und warm halten.

2. Die Topinamburen schälen und in eine Schüssel mit Zitronenwasser geben. Große Knollen halbieren. In den Dämpfeinsatz über einem Topf mit kochendem Wasser geben und 8–10 Minuten dämpfen, bis die Ränder weich sind. Abkühlen lassen, dann in Scheiben schneiden.

3. Den Knoblauchrahm durch ein Sieb in einen Krug gießen. Den Zitronensaft zugießen und mit Salz und Pfeffer abschmecken.

4. Den Backofen auf 190 °C vorheizen. Eine Auflaufform (2 l Inhalt) einfetten. Die Hälfte der Topinamburscheiben auf den Boden legen. Salzen und pfeffern. Mit den Nüssen bestreuen und mit den restlichen Topinamburscheiben belegen.

5. Den Knoblauchrahm darübergießen. Mit den Semmelbröseln bestreuen und Butterflocken daraufsetzen.

6. 30–35 Minuten im Ofen backen, bis die Topinamburen weich sind und die Oberfläche goldgelb ist. Heiß mit Prinzessbohnen servieren.

3

4

6

SELLERIESALAT MIT KREBSFLEISCH

PORTIONEN: 4 **ZUBEREITEN: 15–20 MIN. PLUS KÜHLEN** **GAREN: 2 MIN.**

ZUTATEN

450 g Sellerie, gerieben
Saft von 1 Zitrone
250 g weißes Krebsfleisch
frisch gehackter Dill, zum Garnieren
gemischte Salatblätter, zum Servieren

REMOULADE

150 ml Mayonnaise
1 EL Dijon-Senf
1½ TL Weißweinessig
2 EL Kapern, gut abgetropft
Salz und weißer Pfeffer

1. Für die Remoulade die Mayonnaise in eine Schüssel geben. Senf, Essig und Kapern einrühren und mit Salz und Pfeffer abschmecken. Abdecken und bis zum weiteren Gebrauch kalt stellen.

2. Salzwasser in einem großen Topf zum Kochen bringen. Geriebenen Sellerie und Zitronensaft ins Wasser geben und 1½–2 Minuten blanchieren. Den Sellerie abgießen und unter fließend kaltem Wasser abschrecken, um den Kochprozess zu beenden. Die restliche Flüssigkeit mit den Händen ausdrücken und die Selleriestücke mit Küchenpapier trocken tupfen.

3. Den Sellerie mit dem Krebsfleisch in die Remoulade rühren. Abschmecken und bei Bedarf nachwürzen. Abdecken und mindestens 30 Minuten kalt stellen.

4. Zum Servieren auf Schüsseln verteilen, mit Dill garnieren und mit dem Salat servieren.

EXTRA TIPP

Sellerieknollen und Selleriestangen haben einen sehr ähnlichen Geschmack. Sellerieknollen schmecken als Alternative zu Kartoffelpüree auch püriert.

FRÜHLINGSLAMM MIT RÜBENEINTOPF

PORTIONEN: 4-6 **ZUBEREITEN: 15–20 MIN.** **GAREN: 1¼ STD.**

ZUTATEN

40 g Butter

2 EL Sonnenblumenöl, plus etwas mehr bei Bedarf

900 g Lammschulter, pariert und in große Stücke geschnitten, Knochen beiseitegelegt

2 Schalotten, fein gehackt

1 EL Zucker

1 l Lammbrühe

2 EL Tomatenmark

1 Bouquet garni mit Petersilie, Thymian, Lorbeer, Rosmarin

8 neue Kartoffeln, abgebürstet, große Exemplare halbiert

4 Weiße Rüben, geviertelt

12 Baby-Karotten, abgebürstet und in Stücke geschnitten

140 g Erbsen, Tiefkühlware aufgetaut

Salz und Pfeffer

frisch gehackte glatte Petersilie, zum Garnieren

Baguette, zum Servieren

1. 30 g Butter mit dem Öl in einer großen Pfanne bei mittlerer Hitze zerlassen. Das Fleisch portionsweise unter Rühren anbraten, bis es von allen Seiten Farbe angenommen hat. Ggf. mehr Öl zugießen. Das Fleisch in einen großen Bräter umfüllen.

2. Die restliche Butter in die Pfanne geben und zerlassen. Die Schalotten hineingeben und 3 Minuten dünsten, bis sie weich werden. Mit dem Zucker bestreuen, die Hitze erhöhen und weiterrühren, damit die Schalotten karamellisieren. Darauf achten, dass sie nicht anbrennen. In den Bräter umfüllen, dabei angebrannte Stücke entfernen. Die Hälfte der Brühe in die Pfanne geben und aufkochen.

3. Restliche Brühe, Tomatenmark, Bouquet garni und Knochen, falls vorhanden, in den Bräter geben. Mit Salz und Pfeffer würzen. Abdecken und zum Kochen bringen. Die Hitze reduzieren und 45 Minuten köcheln lassen.

4. Kartoffeln, Weiße Rüben und Karotten zugeben und 15 Minuten weiterköcheln lassen. Die Erbsen zugeben, den Deckel entfernen und alles weitere 5–10 Minuten köcheln lassen, bis das Gemüse weich ist. Die Knochen, wenn vorhanden, und das Bouquet garni entsorgen. Mit Salz und Pfeffer abschmecken. Mit der Petersilie garnieren und mit dem Baguette servieren.

1

2

4

ROTE-BETE-SALAT MIT NÜSSEN

Rote Bete ist reich an Folsäure und Eisen, ursprünglich wurde sie ihrer Blätter wegen angepflanzt. Nicht nur die Inhaltsstoffe, auch ihre leuchtend rote Farbe macht sie zu einer tollen Zutat für Salate und Suppen.

PORTIONEN: 4 **ZUBEREITEN: 10 MIN.** **GAREN: OHNE**

ZUTATEN

175 g frische Rote Bete, geraspelt

8 Radieschen, in feinen Scheiben

2 Frühlingszwiebeln, fein gehackt

25 g Pekannusskerne, grob gehackt

8 rote Chicoréeblätter oder Romana-Salatherz-Blätter

DRESSING

2 EL natives Olivenöl extra

1 EL Balsamico

2 TL Sahnemeerrettich

Salz und Pfeffer

1. Rote Bete, Radieschen, Frühlingszwiebeln und Nüsse in einer Schüssel vermengen.

2. Alle Zutaten für das Dressing in einer kleinen Schüssel verrühren.

3. Die Chicoréeblätter auf einem Teller anrichten und den Salat darübergeben.

4. Den Salat kalt als Mahlzeit oder als Beilage zu einem Hauptgericht servieren.

2

3

PASTINAKENAUFLAUF MIT TOMATEN

PORTIONEN: 4–6 **ZUBEREITEN: 20 MIN.** **GAREN: 1 STD.**

ZUTATEN

3 EL Olivenöl
600 g Pastinaken, in feinen Scheiben
1 TL frische Thymianblätter
1 TL Zucker
300 g Sahne
600 g Tomaten, in feinen Ringen
1 TL getrockneter Oregano
150 g Emmentaler, gerieben
Salz und Pfeffer

1. Den Backofen auf 180 °C vorheizen.

2. Das Öl auf mittlerer Stufe in einer Pfanne erhitzen. Pastinaken, Thymian, Zucker, Salz und Pfeffer nach Geschmack zugeben und unter häufigem Rühren 6–8 Minuten braten, bis das Gemüse goldbraun ist und weich zu werden beginnt.

3. Die Hälfte der Pastinakenmischung auf den Boden einer Auflaufform geben. Die Hälfte der Sahne darübergießen, dann mit der Hälfte der Tomaten belegen. Mit Salz und Pfeffer und der Hälfte des Oreganos bestreuen. Mit der Hälfte des Emmentalers belegen. In derselben Reihenfolge die restlichen Zutaten darüberschichten.

4. Mit Alufolie abdecken und im vorgeheizten Ofen 40 Minuten backen, bis die Pastinaken weich sind. Die Folie entfernen und 5–10 Minuten weiterbacken, bis die Oberfläche goldbraun ist und der Käse Blasen wirft. Sofort servieren.

KARTOFFELSALAT MIT GEMÜSE

Dieser Salat basiert auf einem italienischen Rezept, das unter dem Namen *Insalata paesana* („Landsalat") aus Südtirol stammt. Dort fügt man noch frischen Käse aus der Region hinzu.

PORTIONEN: 4 **ZUBEREITEN: 20 MIN. PLUS RUHEN** **GAREN: 35 MIN.**

ZUTATEN

300 g neue Kartoffeln
200 g kleine Blumenkohlröschen
4 EL natives Olivenöl extra, plus etwas mehr bei Bedarf
4½ TL Rotweinessig, plus etwas mehr bei Bedarf
200 g Prinzessbohnen, in mundgerechte Stücke geschnitten
4 Frühlingszwiebeln, fein gehackt
1 Radieschen, in feinen Ringen
100 g Baby-Spinatblätter
2 EL geröstete Pinienkerne
2 EL Rosinen oder Sultaninen
Salz und Pfeffer

ZUM SERVIEREN

Radicchioblätter
Ciabatta

1. Leicht gesalzenes Wasser in zwei Töpfen zum Kochen bringen. In einen die Kartoffeln geben, das Wasser erneut aufkochen und 20–25 Minuten kochen, bis die Kartoffeln gar sind. In den anderen Topf den Blumenkohl geben, das Wasser erneut aufkochen und 5 Minuten köcheln, bis die Röschen weich sind und noch Biss haben.

2. Inzwischen Öl, Essig, Salz und Pfeffer verrühren.

3. Den Blumenkohl mit einem Schaumlöffel aus dem Wasser heben, abtropfen lassen und mit der Ölmischung in einer großen Schüssel verrühren.

4. Die Bohnen in das Blumenkohlkochwasser geben, erneut aufkochen und 5 Minuten köcheln lassen, bis sie weich sind und noch Biss haben. Abtropfen und unter den Blumenkohl heben.

5. Die Kartoffeln abgießen und unter fließend kaltem Wasser abschrecken. Pellen und in mundgerechte Stücke schneiden. Dann in die Schüssel geben und mit Frühlingszwiebeln und Radieschen verrühren, sodass das Gemüse mit dem Dressing überzogen ist. 1 Stunde beiseitestellen.

6. Vor dem Servieren einen Teller mit den Radicchioblättern auslegen. Den Spinat in die Gemüseschüssel rühren und eventuell mit Öl, Essig, Salz und Pfeffer nachwürzen. Pinienkerne und Rosinen unterheben.

7. Den Salat auf den Radicchioblättern anrichten, dabei das restliche Dressing aus der Schüssel darübergeben. Mit reichlich Ciabatta servieren.

KARTOFFEL-BROKKOLI-AUFLAUF MIT NÜSSEN

PORTIONEN: 4 **ZUBEREITEN: 15 MIN.** **GAREN: 50 MIN.**

ZUTATEN

450 g neue Kartoffeln, in Scheiben

1 EL Olivenöl

½ kleine Zwiebel, fein gehackt

400 ml Kokosmilch

8 EL Erdnussbutter mit Stücken

1 EL Sojasauce

2 TL Zucker

½ TL rote Chiliflocken

200 g Brokkoliröschen

60 g ungesalzene Erdnüsse

2 TL zerlassene Margarine

Salz und Pfeffer

1. Den Backofen auf 190 °C vorheizen.

2. Leicht gesalzenes Wasser in einem großen Topf zum Kochen bringen. Die Kartoffeln hineingeben, erneut aufkochen und 8–10 Minuten köcheln lassen, bis sie fast weich sind. Abtropfen lassen und beiseitestellen.

3. Das Öl auf mittlerer Stufe in einem Topf erhitzen. Die Zwiebel darin 2 Minuten andünsten, dann Kokosmilch, Erdnussbutter, Sojasauce, Zucker und Chiliflocken einrühren. Aufkochen und umrühren, damit alle Zutaten gut vermischt sind. Die Hitze reduzieren und 5 Minuten köcheln lassen.

4. Inzwischen den Brokkoli in einem Dämpfer 4–5 Minuten dämpfen, bis er gerade weich ist.

5. Brokkoli und Erdnüsse in die Sauce rühren, mit Salz und Pfeffer abschmecken und alles in eine Auflaufform füllen.

6. Die Mischung mit den gekochten Kartoffelscheiben belegen, die zerlassene Margarine darauflöffeln und mit Pfeffer bestreuen. 20–25 Minuten im vorgeheizten Ofen backen, bis die Kartoffeln goldbraun sind. Vor dem Servieren 5 Minuten abkühlen lassen.

3

5

6

THUNFISCH MIT EINGELEGTEN RADIESCHEN

In Anlehnung an die japanische Küche, bei der traditionell zu jedem Essen eingelegtes Gemüse gereicht wird, wird der Thunfisch hier mit süßsauer eingelegten Radieschen und Gurken serviert.

PORTIONEN: 4 **ZUBEREITEN: 15 MIN. PLUS MARINIEREN** **GAREN: 10 MIN.**

ZUTATEN

4 Thunfischsteaks (à 150 g)
1 EL Sesamsaat
gekochter Reis, zum Servieren (nach Belieben)

MARINADE

2 EL dunkle Sojasauce
2 EL Sonnenblumenöl
1 EL Sesamöl
1 EL Reisessig
1 TL frisch geriebene Ingwerwurzel

RELISH

½ Gurke, geschält
1 Bund Radieschen

1. Die Thunfischsteaks auf einen Teller legen und mit dem Sesam bestreuen. Mit einem Löffelrücken fest ins Fleisch drücken.

2. Für die Marinade die Zutaten verrühren. 3 Esslöffel davon in eine mittelgroße Schüssel geben, die restliche Marinade über den Fisch gießen. Den Fisch in der Marinade wenden, abdecken und für 1 Stunde in den Kühlschrank stellen.

3. Gurke und Radieschen in feine Scheiben schneiden und in der Schüssel mit der Marinade wenden. Abdecken und in den Kühlschrank stellen.

4. Eine große, schwere Pfanne auf hoher Stufe erhitzen. Die Steaks hineingeben und von jeder Seite – je nach Dicke – 3–4 Minuten braten. Sofort mit den eingelegten Radieschen und Gurken sowie dem gekochten Reis nach Belieben servieren.

EXTRA TIPP

Verwenden Sie zum Braten des Fisches eine gerippte Grillpfanne oder grillen Sie ihn auf dem Holzkohlegrill. Das ergibt ein besonderes Aroma.

HÄHNCHEN-STECKRÜBEN-PFANNE

PORTIONEN: 4 **ZUBEREITEN: 15 MIN. PLUS MARINIEREN** **GAREN: 15–20 MIN.**

ZUTATEN

4 Hähnchenbrustfilets (à 120 g)

3 EL Pflanzenöl

225 g Steckrüben, fein geraspelt

3 rote, orange oder gelbe Paprika, entkernt und in Streifen gschnitten

4 Nudelnester aus feinen Eiernudeln

frisch gehackter Koriander, zum Garnieren

MARINADE

1 roter Chili, entkernt und fein gehackt

2,5-cm-Stück frisch geriebene Ingwerwurzel

2 Knoblauchzehen, fein gehackt

2 EL Tomatenketchup

2 EL chinesische Pflaumensauce

2 EL dunkle Sojasauce

1. Die Hähnchenfilets in 2,5 cm breite Streifen schneiden und in eine Schüssel geben. Die Zutaten für die Marinade darübergießen und unterrühren. Abdecken und 15 Minuten bei Raumtemperatur marinieren oder bis zu 3 Stunden in den Kühlschrank stellen.

2. 1 Esslöffel Öl im Wok oder in einer großen Pfanne erhitzen und Steckrüben und Paprika hineingeben. 8–10 Minuten unter gelegentlichem Rühren braten, bis das Gemüse beginnt, weich zu werden. Mit einem Schaumlöffel auf einen Teller heben.

3. Das restliche Öl im Wok erhitzen und das Hähnchen mit der Marinade hineingeben. Unter Rühren 4–5 Minuten braten, bis das Fleisch gar und nicht mehr rosa ist. Das Gemüse zurück in den Wok geben und unter Rühren durcherhitzen.

4. Inzwischen Wasser in einem Topf zum Kochen bringen und die Nudeln hineingeben. Erneut aufkochen und 3 Minuten köcheln, bis die Nudeln gar sind. Abgießen und auf vier Teller verteilen. Mit Gemüse und Fleisch belegen und mit dem Koriander bestreuen. Heiß servieren.

1

2

3

GUTE UNTERHALTUNG!

SÜSSKARTOFFELRAVIOLI MIT SALBEIBUTTER

PORTIONEN: 4 **ZUBEREITEN: 45 MIN. PLUS KÜHLEN** **GAREN: 30 MIN.**

ZUTATEN PASTATEIG

400 g Weizenmehl Type 550
4 Eier, verquirlt
Grieß, zum Bestreuen
Salz

FÜLLUNG

500 g Süßkartoffeln, geschält
3 EL Olivenöl
1 große Zwiebel, fein gehackt
1 Knoblauchzehe, zerdrückt
1 TL frisch gehackter Thymian
2 EL flüssiger Honig
Salz und Pfeffer

SALBEIBUTTER

50 g Butter
1 Bund frischer Salbei, Blätter fein gehackt, plus einige Blätter zum Garnieren

1. Für den Pastateig das Mehl in eine große Schüssel oder in eine Küchenmaschine sieben. Die Eier zufügen und vermischen, bis ein weicher Teig entsteht, der nicht klebt. Den Teig auf die leicht mit Grieß bestreute Arbeitsfläche geben und 4–5 Minuten weich kneten. Mit Frischhaltefolie abdecken und mindestens 30 Minuten in den Kühlschrank stellen.

2. Für die Füllung die Süßkartoffeln in Stücke schneiden. In kochendem Wasser 20 Minuten köcheln, bis sie weich sind. Abgießen und stampfen.

3. Das Öl auf mittlerer Stufe in einer Pfanne erhitzen und die Zwiebel unter häufigem Rühren 4–5 Minuten darin dünsten. Zwiebel, Knoblauch und Thymian in das Süßkartoffelpüree einarbeiten. Mit dem Honig beträufeln und mit Salz und Pfeffer abschmecken. Beiseitestellen.

4. Die Pasta mit einer Maschine auf 1 mm Dicke ausrollen. Alternativ mit einer Teigrolle auf der mit Grieß bestreuten Arbeitsfläche ausrollen.

5. Die Teigplatte halbieren. Die Füllung teelöffelweise in regelmäßigen Abständen auf eine Platte verteilen. Den Teig um die Füllung herum mit Wasser bestreichen und mit der zweiten Teigplatte belegen. Den Teig um die Füllung herum festdrücken und mit einem scharfen Messer Quadrate ausschneiden. Die Ravioli auf mit Grieß bestreutes Backpapier legen.

6. Salzwasser in einem Topf zum Kochen bringen und die Ravioli hineingeben. 2–3 Minuten köcheln, bis die Ravioli an die Oberfläche steigen und noch bissfest sind.

7. Inzwischen Butter und gehackten Salbei in einen kleinen Topf geben und langsam erhitzen.

8. Die Ravioli abgießen und sofort mit der Salbeibutter begießen. Mit Salbeiblättern garniert servieren.

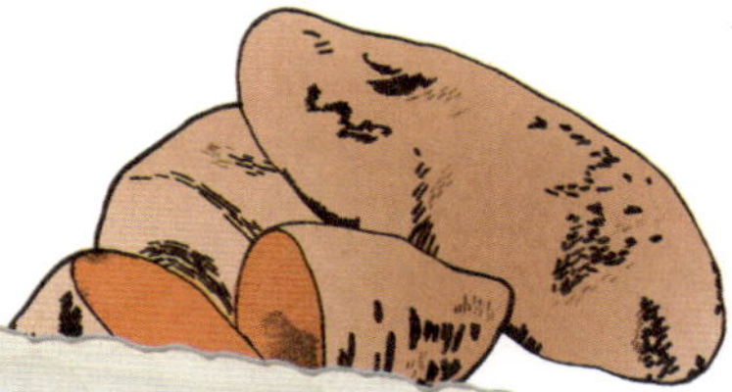

ROTE BETE AUF GERÖSTETER POLENTA

PORTIONEN: 4 **ZUBEREITEN: 15 MIN. PLUS KÜHLEN** **GAREN: 1½ STD.**

ZUTATEN

Olivenöl, zum Einfetten und Beträufeln
8 kleine Rote Beten, halbiert
4 frische Thymianzweige
4 EL geriebener Meerrettich
125 g Butter
Meersalzflocken und Pfeffer
Rucolablätter, zum Servieren

POLENTA

850 ml Wasser
175 g Polenta
1 TL Salz

1. Für die Polenta das Wasser in einem großen Topf zum Kochen bringen. Langsam Polenta und Salz einrieseln lassen, dabei ständig rühren. Unter häufigem Rühren 5–10 Minuten köcheln lassen, bis die Mischung sich vom Topfrand löst.

2. Eine kleine Auflaufform einfetten. Die Polenta hineinfüllen, die Oberfläche glatt streichen und abkühlen lassen.

3. Den Backofen auf 190 °C vorheizen. Die Rote Bete mit Öl überziehen.

4. Je 4 Rote-Bete-Hälften und 1 Thymianzweig auf ein Stück Alufolie legen.

5. 1 Stunde im vorgeheizten Ofen backen, bis die Rote Bete weich ist.

6. Inzwischen Meerrettich, Butter, ½ Teelöffel Salz und ¼ Teelöffel Pfeffer vermischen. Zu einer Rolle formen, in Frischhaltefolie wickeln und in den Kühlschrank legen.

7. Den Backofengrill auf hoher Stufe vorheizen. Die Polenta in vier gleichmäßige Rechtecke schneiden.

Diese in eine hitzebeständige Pfanne geben, mit Öl einpinseln und 5 Minuten unter den Grill stellen. Wenden und von der anderen Seite 3 Minute grillen, bis die Polenta knusprig ist.

8. Die Polenta auf einen Teller geben. Die Rote Bete daraufgeben und mit 1 Stück Meerrettichbutter belegen. Auf jede Portion 1 Handvoll Rucola geben und sofort servieren.

WURZELBEHANDLUNG!

Selbst wenn Sie nur wenig Gemüseerfahrung haben und Ihr Platz begrenzt ist, können Sie Ihr eigenes Wurzelgemüse ziehen. Steht Ihnen nur ein Balkon oder Hinterhof zur Verfügung, pflanzen Sie es in mit Erde gefüllte Behälter wie etwa Terrakottatöpfe oder Eimer. Es gibt auch spezielle Pflanzbeutel für Wurzelgemüse auf engem Raum. Ideal ist ein Platz mit viel Sonne.

DAS KÖNNEN SIE PFLANZEN

Wurzeln mit langer Reifezeit wie Steckrüben und Pastinaken sind nicht so gut geeignet. Wenn Sie wenig Zeit haben, ist Gemüse, das viel Pflege benötigt, wie Sellerie und Schwarzwurzeln, auch nicht ideal. Überlegen Sie, was Sie gern mögen. Radieschen sind zwar einfach zu ziehen, nützen aber nichts, wenn sie Ihnen nicht schmecken. Letztendlich sollten Sie die Gemüsesorte wählen, die schnell und viel wächst, selten in Supermärkten zu finden ist und eine große Ausbeute hat – und Ihnen schmeckt.

Rote Bete ist gerade für Anfänger eine gute Wahl. Außerdem kann man die Blätter auch verarbeiten. Die Wurzeln wachsen schnell, können in jeder Größe gegessen werden, und es gibt sie in verschiedenen Färbungen. Überraschen Sie Ihre Gäste einmal mit rosa-weiß gestreiften Roten Beten. Säen Sie sie im zeitigen Frühjahr, um sie im Sommer zu ernten. Sie können sie bis zum Hochsommer säen. Die Samen der Rote Bete sind eigentlich Früchte, die zwei bis drei Samen haben, sodass aus einem Setzling mehrere Früchte in Gruppen wachsen können, die ausgedünnt werden müssen. Verarbeiten Sie die kleinsten in Salaten und lassen Sie die größeren wachsen. In etwa 9–12 Wochen sind sie erntereif. Die letzten Wurzeln der Saison halten im Boden, wenn sie mit Stroh oder Vlies bedeckt sind. Oder sie können gezogen und an einem frostfreien Ort gelagert werden.

Karotten sind weitere köstliche Hochleistungswurzeln. Es gibt sie in vielen Formen, Größen und Farben, stumpf oder keilförmig, kurz oder lang, und wenn Ihnen die Farbe Orange nicht abwechslungsreich genug ist, dann können Sie auch weiße, violette oder gelbe wählen. Allerdings sind sie etwas anspruchsvoller, was den Boden anbelangt. Lange Sorten könnten in flachem Boden stumpf werden, dort ist dann eine andere Sorte ratsamer. Säen Sie sie im späten Winter und ernten Sie sie ab dem späten Frühjahr. Sobald sie groß genug zum Verzehr sind, können Sie sie ziehen.

STECKRÜBEN-SCHINKEN-AUFLAUF

PORTIONEN: 4 **ZUBEREITEN: 10 MIN.** **GAREN: 1 STD.**

ZUTATEN

600 g gekochter Schinken, in Würfeln
80 g Butter
2 Zwiebeln, gehackt
450 g Steckrüben, in Würfeln
1 TL frisch gehackter Salbei
25 g Weizenmehl, plus etwas mehr zum Bestäuben
600 ml Milch
325 g Blätterteig, Tiefkühlware aufgetaut
1 Ei, verquirlt, zum Glasieren
Salz und Pfeffer

1. Die Schinkenwürfel in eine große Schüssel geben und beiseitestellen. 50 g Butter in einer großen Pfanne auf mittlerer Stufe zerlassen. Zwiebeln, Steckrüben und Salbei hineingeben und mit Salz und Pfeffer würzen. 35–40 Minuten unter gelegentlichem Wenden köcheln lassen, bis alle Stücke gebräunt sind.

2. Inzwischen die restliche Butter in einem kleinen Topf auf mittlerer Stufe zerlassen. Das Mehl einstreuen und 1–2 Minuten rühren. Nach und nach die Milch zugeben und weiterrühren. Vom Herd nehmen und mit Salz und Pfeffer abschmecken.

3. Den Backofen auf 220 °C vorheizen. Den Blätterteig auf der leicht bemehlten Arbeitsfläche zu einem Rechteck ausrollen, das etwas größer als die Auflaufform ist (18 cm x 26 cm).

4. Das gebratene Gemüse in die Schüssel zum Schinken geben. Die helle Sauce einrühren. Die Mischung in die Auflaufform füllen, die Formränder mit dem verquirlten Ei einpinseln und den Blätterteig über die Füllung legen. Den Teig fest an den Rand drücken, überschüssige Stücke abschneiden, verkneten und Dekorationen daraus ausschneiden. Den Teig mit dem Ei bestreichen und den Auflauf 15–20 Minuten im Ofen garen, bis der Teig goldbraun aufgegangen ist. Sofort servieren.

1

2

4

KARTOFFELGNOCCHI MIT WALNUSSPESTO

PORTIONEN: 4 **ZUBEREITEN: 30 MIN.** **GAREN: 45 MIN.**

ZUTATEN

450 g mehligkochende Kartoffeln, gewaschen

50 g Parmesan, frisch gerieben

1 Ei, verquirlt

200 g Weizenmehl, plus etwas mehr zum Bestäuben

Salz und Pfeffer

WALNUSSPESTO

40 g frische glatte Petersilie, gehackt

2 EL Kapern, abgespült und gehackt

2 Knoblauchzehen, gehackt

175 ml natives Olivenöl extra

70 g gehackte Walnusskerne

40 g Parmesan, frisch gerieben

Salz und Pfeffer

1. Leicht gesalzenes Wasser in einem großen Topf zum Kochen bringen. Die ungeschälten Kartoffeln hineingeben, das Wasser erneut aufkochen und 30–35 Minuten köcheln lassen, bis die Kartoffeln gar sind. Abgießen und leicht abkühlen lassen.

2. Inzwischen für den Pesto Petersilie, Kapern, Knoblauch, Öl und Walnüsse in einen Mörser geben. Zu einer groben Paste zerstoßen und mit Salz und Pfeffer abschmecken. Den Käse untermischen.

3. Die leicht abgekühlten Kartoffeln pellen und durch ein Sieb oder eine Kartoffelpresse in eine große Schüssel pressen. Noch heiß mit Salz und Pfeffer abschmecken und den Käse einrühren.

4. Das Ei einrühren und das Mehl dazusieben. Alles leicht verrühren, dann den Teig auf die bemehlte Arbeitsplatte legen. Zu einem weichen Teig verkneten. Sollte er zu klebrig sein, mehr Mehl zufügen.

5. Den Teig zu einer langen Rolle formen.

6. Die Rolle in 2,5 cm lange Stücke schneiden und jedes mit einer Gabel leicht eindrücken, um die klassischen Riffel der Gnocchi zu erhalten. Die Stücke auf ein bemehltes Backblech legen und mit einem sauberen Küchentuch abdecken.

7. Salzwasser in einem großen Topf zum Kochen bringen. Die Gnocchi in kleinen Portionen darin

1–2 Minuten garen, bis sie an die Oberfläche steigen und gar sind.

8. Mit einem Schaumlöffel herausheben und zum Warmhalten auf einen Teller im Ofen legen, bis alle Gnocchi fertig gekocht sind. Die Gnocchi auf vorgewärmten Tellern mit 1 guten Esslöffel Pesto servieren.

KAROTTEN-TARTE-TATIN

PORTIONEN: 4 **ZUBEREITEN: 15 MIN.** **GAREN: 45 MIN.**

ZUTATEN

600 g junge Karotten, in 2,5 cm große Stücke geschnitten

2 EL flüssiger Honig

25 g Butter

1 kleines Bund frischer Thymian, gehackt

350 g Blätterteig, Tiefkühlware aufgetaut

Weizenmehl, zum Bestäuben

Salz und Pfeffer

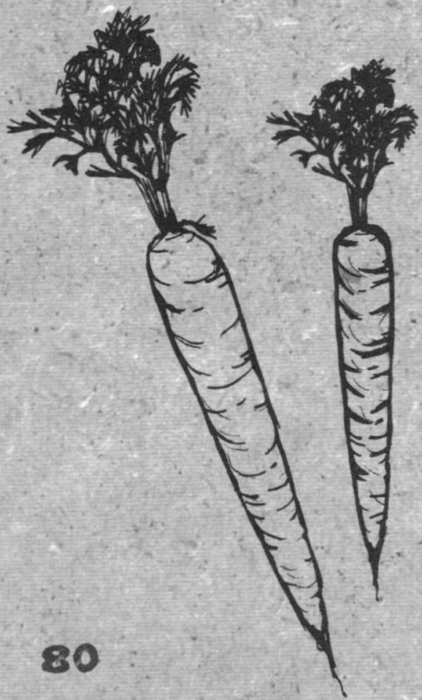

1. Leicht gesalzenes Wasser in einem großen Topf zum Kochen bringen. Die Karotten hineingeben, das Wasser erneut aufkochen und die Karotten 10–15 Minuten garen, bis sie gerade weich sind. Abgießen, Honig, Butter und Thymian unterrühren und alles mit Salz und Pfeffer abschmecken.

2. Den Backofen auf 200 °C vorheizen. Die Karotten in eine Kuchenform mit 20 cm ø und 3 cm Tiefe geben. 15 Minuten im vorgeheizten Ofen backen, bis die Karotten karamellisiert sind. Die Form aus dem Ofen nehmen, aber diesen nicht ausschalten.

3. Den Blätterteig auf der bemehlten Arbeitsfläche so auf die Größe der Kuchenform ausrollen, dass er 2 cm übersteht. Die Teigplatte vorsichtig über die Karotten legen und die Ränder zwischen Karotten und Formrand einschlagen, um einen Teigrand zu erhalten. 15 Minuten im Ofen backen, bis der Teig goldbraun aufgegangen ist.

4. Die Tarte aus dem Ofen nehmen und die Form zum Herauslösen kopfüber auf eine Platte stürzen.

5. Die Tarte in Stücke schneiden und servieren.

1

2

3

PASTINAKENAUFLAUF MIT INGWERRAHM

Dieses Gericht ist ganz einfach zuzubereiten – macht aber ordentlich was her! Die meiste Arbeit erledigt sowieso Ihr Ofen, sodass Sie sich nebenbei um andere Dinge kümmern können.

PORTIONEN: 4 **ZUBEREITEN: 15 MIN.** **GAREN: 40 MIN.**

ZUTATEN

- Butter, zum Einfetten
- 750 g Pastinaken, in feinen Scheiben
- 425 g Sahne
- 250 ml Gemüsebrühe
- 1 Knoblauchzehe, zerdrückt
- 2,5-cm-Stück frische Ingwerwurzel, gerieben
- ¼ TL frisch gemahlener weißer Pfeffer
- ⅛ TL frisch geriebene Muskatnuss, plus etwas mehr zum Garnieren
- Meersalz
- Schnittlauchröllchen, zum Garnieren

1. Eine große Auflaufform einfetten. Die Pastinaken in einen Dämpfeinsatz geben und über einem Topf mit kochendem Wasser 3 Minuten dämpfen, bis sie anfangen, weich zu werden. Während des Dämpfens den Einsatz etwas schütteln. Die Pastinaken in die Auflaufform geben und salzen.

2. Den Backofen auf 180 °C vorheizen. Sahne und Brühe langsam in einem Topf erhitzen, Knoblauch und Ingwer einrühren. Nicht aufkochen. Pfeffer, Muskat und Meersalz zugeben.

3. Die Sahnemischung über die Pastinaken gießen. Die Form mit Alufolie abdecken und den Auflauf im vorgeheizten Ofen 20 Minuten backen.

4. Die Folie entfernen und 15–20 Minuten weiterbacken, bis die Oberfläche goldbraun ist.

5. Aus dem Ofen nehmen, mit Muskatnuss und Schnittlauchröllchen bestreuen und servieren.

ROTE-BETE-RISOTTO MIT SPINAT & HUMMER

PORTIONEN: 4 **ZUBEREITEN: 15 MIN.** **GAREN: 30 MIN.**

ZUTATEN

- 1,5 l Gemüse- oder Hühnerbrühe
- 25 g Butter
- 2 EL Olivenöl
- 1 kleine Zwiebel, gewürfelt
- 280 g Risottoreis
- 100 ml trockener Weißwein
- 5 kleine Rote Beten, geraspelt
- 1 TL geriebener Meerrettich
- Saft von ½ Zitrone
- 175 g Baby-Spinatblätter
- 225 g Hummer- oder Krebsfleisch
- 120 g Parmesan, frisch gerieben
- Salz und Pfeffer
- Crème fraîche, zum Servieren

1. Die Brühe in einem großen Topf zum Kochen bringen und bei kleiner Hitze köcheln lassen. Inzwischen Butter und Öl in einem zweiten großen Topf auf mittlerer Stufe erhitzen und die Zwiebel daran 3 Minuten dünsten. Den Reis einrühren. 2 Minuten weiterdünsten. Den Wein zugießen und 2 Minuten köcheln lassen, bis er aufgesogen ist.

2. Die Rote Bete einrühren. 2 Schöpfkellen heiße Brühe dazugeben, abdecken und 2 Minuten köcheln lassen, bis die Brühe aufgesogen ist. Umrühren und 1 weitere Schöpfkelle zugießen. Ständig rühren, bis die Brühe aufgesogen ist. So fortfahren, bis die Brühe komplett aufgesogen und der Reis fast gar ist.

3. Meerrettich und Zitronensaft einrühren, dann den Spinat zugeben und mit Salz und Pfeffer abschmecken. Auf vorgewärmte Teller verteilen, Hummerfleisch und Käse darüberstreuen und zusammen mit der Crème fraîche sofort servieren.

2

3

WURZELGEMÜSETARTE MIT ROSMARIN

Diese außergewöhnliche Zubereitung von verschiedenen Wurzelgemüsesorten erhält durch den Rosmarin und die Zitrone ein ganz besonderes Aroma.

PORTIONEN: 4

ZUBEREITEN: 15–20 MIN.

GAREN: 1 STD.

ZUTATEN

Olivenöl, zum Einfetten
300 g Pastinaken, geraspelt
300 g Karotten, geraspelt
300 g Knollensellerie, geraspelt
1 Zwiebel, geraspelt
2 EL frisch gehackter Rosmarin
3 EL Zitronensaft
Salz und Pfeffer
Rosmarinzweige, zum Garnieren

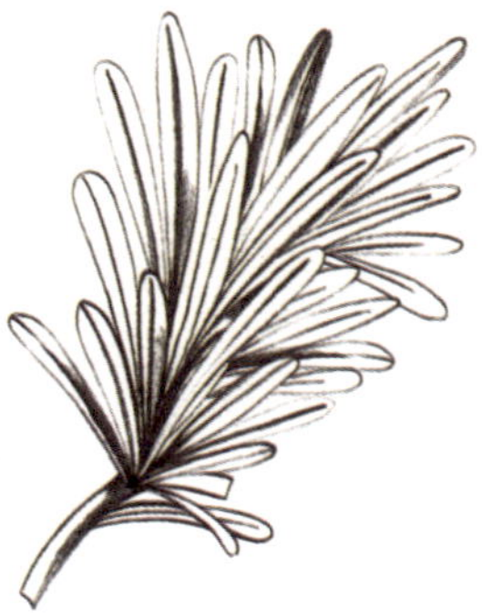

1. Den Backofen auf 190 °C vorheizen. Eine Backform mit 30 cm ø einfetten und mit Backpapier auslegen.

2. Pastinaken, Karotten und Sellerie in separate kleine Schüsseln geben.

3. Zwiebel, Rosmarin und Zitronensaft in einer kleinen Schüssel vermischen. Jeweils ein Drittel dieser Mischung auf die Gemüseschüsseln verteilen, salzen und pfeffern und verrühren.

4. Die Pastinaken gleichmäßig verteilt auf den Boden der Form drücken, darüber die Karotten geben und mit dem Sellerie abschließen.

5. Leicht eingefettete Alufolie auf die Tarte legen und andrücken. Die Folie über die Ränder der Form schlagen. Die Tarte auf ein Backblech setzen und 1 Stunde im vorgeheizten Ofen backen, bis das Gemüse weich ist.

6. Die Folie entfernen und die Tarte auf eine vorgewärmte Servierplatte geben. 5 Minuten abkühlen lassen, in Stücke schneiden und mit Rosmarinzweigen servieren.

KARTOFFELEINTOPF

PORTIONEN: 4 **ZUBEREITEN: 20 MIN.** **GAREN: 1 STD.**

ZUTATEN

700 g mehligkochende Kartoffeln, in 2,5 cm große Stücke geschnitten

25 g Butter

2 EL Olivenöl

50 g Speck, gewürfelt

1 Zwiebel, fein gehackt

1 Knoblauchzehe, fein gehackt

1 Selleriestange, fein gehackt

400 g gehackte Tomaten aus der Dose

2 EL Tomatenmark

brauner Zucker (nach Geschmack)

1 EL frisch gehackter Majoran

100 ml Gemüsebrühe

Salz und Pfeffer

1. Die Kartoffeln in leicht gesalzenem köchelndem Wasser 5 Minuten vorkochen. Abgießen und beiseitestellen.

2. Die Butter mit dem Öl in einem Topf zerlassen. Speck, Zwiebel, Knoblauch und Sellerie zufügen und auf niedriger Stufe 5 Minuten kochen, bis das Gemüse weich wird. Tomaten, Tomatenmark, Zucker nach Geschmack, Majoran und Brühe zugeben. Mit Salz und Pfeffer abschmecken. Die Hitze etwas erhöhen und alles zum Kochen bringen. Vorsichtig die Kartoffeln einrühren, die Hitze auf sehr kleine Stufe reduzieren, abdecken und unter gelegentlichem Rühren 45–50 Minuten köcheln lassen, bis die Kartoffeln weich sind und die Sauce eingedickt ist.

3. Abschmecken und eventuell Salz und Pfeffer zufügen. Den Eintopf auf vorgewärmte Suppenteller verteilen und sofort servieren.

2

2

SCHWEINEFLEISCH MIT SELLERIE & ORANGE

In vielen Teilen Chinas werden in den Wintermonaten oft langsam gegarte Eintöpfe gegessen. Orange, Sternanis und Chili-Bohnen-Sauce passen besonders gut zu Schweinefleisch und Sellerie.

PORTIONEN: 4

ZUBEREITEN: 20 MIN. PLUS MARINIEREN

GAREN: 2¼ STD.

ZUTATEN

900 g Schweineschulter, in Würfeln

3 EL Olivenöl

500 g Knollensellerie, in 5-cm-Stiften

2 kleine Porreestangen, in 5-cm-Streifen

3 Karotten, in 5-cm-Stiften

200 ml Hühnerbrühe

gekochter Reis, zum Servieren

MARINADE

fein abgeriebene Schale und Saft von 1 Orange

1–2 ganze Sternanise

2 EL dunkle Sojasauce

1 EL Honig

2,5-cm-Stück frische Ingwerwurzel, gerieben

3 Knoblauchzehen, fein gehackt

2 TL chinesische Chili-Bohnen-Sauce

1. Das Fleisch in eine große Schüssel geben. Die Zutaten der Marinade zugeben, umrühren, abdecken und für 3 Stunden in den Kühlschrank stellen.

2. Den Backofen auf 120 °C vorheizen. Das Fleisch aus der Marinade heben und auf einen Teller legen. Die Marinade durch ein Sieb gießen, um Orangenschale und Sternanise zu entfernen, die Marinade dabei auffangen.

3. In einer großen Pfanne 1 Esslöffel Öl erhitzen und die Hälfte vom Fleisch hineingeben. 2 Minuten braten, dann die Stücke wenden und 2 Minuten weiterbraten.

4. Das Fleisch mit dem Sud in einen Bräter geben. Noch 1 Esslöffel und das restliche Fleisch in die Pfanne geben, wie die erste Portion braten und in den Bräter geben.

5. Das restliche Öl in die Pfanne geben, Sellerie, Porree und Karotten zufügen und unter gelegentlichem Rühren dünsten, bis der Porree weich ist.

6. Das Gemüse zum Fleisch in den Bräter geben, die restliche Marinade über das Gemüse gießen und die Brühe zufügen. Abdecken und 1 Stunde im vorgeheizten Ofen garen.

7. Fleisch und Gemüse durchrühren, abdecken und 1 Stunde im Ofen weitergaren. Mit gekochtem Reis servieren.

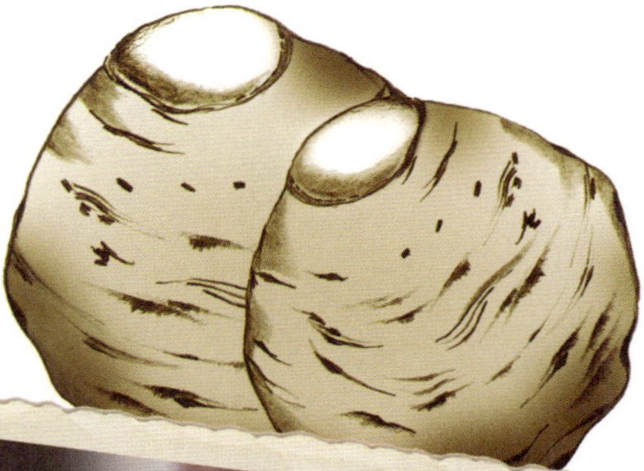

GARMETHODEN

Durch unterschiedliche Zubereitungsarten erhalten die Gemüsesorten auch verschiedene Aromen und Texturen. Für welche Zubereitung Sie sich auch entscheiden, Sie sollten immer möglichst gleich große Wurzelstücke verwenden, damit sie zur selben Zeit gar werden. Geschälte Kartoffeln, Knollensellerie und Pastinake sollten immer schnell ins Wasser gelegt werden, damit sie nicht braun werden.

DÄMPFEN

Diese besonders gesunde Garmethode eignet sich bestens, um Wurzelgemüse für Grill- oder Röstgerichte vorzugaren. Weil das Gemüse nicht in direktem Kontakt mit dem Wasser ist, werden die wertvollen Inhaltsstoffe nicht ausgespült und bleiben erhalten. Für diese Methode brauchen Sie nur einen Dämpfeinsatz.

KOCHEN

Dies ist die einfachste Garmethode, aber denken Sie daran, dass die stärkehaltigen Wurzelgemüsesorten wie Topinambur, Yamswurzel und mehligkochende Kartoffeln schnell zerfallen. Am besten geben Sie sie in kaltes Wasser, bringen es zum Kochen und reduzieren die Hitze, sodass das Gemüse nur leicht köchelt.

GRILLEN

Diese Methode eignet sich besonders für die festeren Sorten wie Steckrübe und Knollensellerie. Erst die Wurzeln dämpfen, dann in dicke Scheiben schneiden und mit Öl bepinseln. Sie können die Scheiben nicht nicht nur auf dem Holzkohlegrill, sondern auch unter dem Backofengrill grillen. Bei dieser Methode bekommt das Gemüse eine appetitliche Kruste und bleibt innen schön saftig.

BRATEN

Durch Braten bekommt blasses Gemüse Farbe. Es entwickelt intensive Aromen, wird knusprig und leicht süßlich. Zunächst in Scheiben schneiden und in einer großen Pfanne braten. Wenn die Pfanne zu voll ist, wird das Gemüse eher gedämpft und verliert an Geschmack.

BACKEN

Die trockene Hitze im Backofen karamellisiert die natürlichen Zucker im Wurzelgemüse, die sie braun und klebrig werden lassen. Verwenden Sie dafür eine große flache Form, sodass die Hitze ungehindert zirkulieren kann.

HÄHNCHENBRUSTFILET MIT TOPINAMBUR

PORTIONEN: 2 **ZUBEREITEN: 15 MIN.** **GAREN: 25 MIN.**

ZUTATEN

25 g Butter
1 Zwiebel, fein gehackt
200 g Topinamburen
200 ml Wasser
100 ml Weißwein
2 frische Estragonzweige oder ½ TL getrockneter Estragon, plus etwas mehr zum Garnieren
2 Hähnchenbrustfilets (à 120 g)
1 TL Dijon-Senf
3 EL Crème fraîche
Salz und Pfeffer
gekochter Reis, zum Servieren

1. Die Butter in einer großen Pfanne bei mittlerer Hitze zerlassen. Die Zwiebel darin 4–5 Minuten weich dünsten. Topinamburen, Wasser, Wein und Estragon zugeben. Zum Kochen bringen, die Hitze reduzieren und abgedeckt 5 Minuten köcheln lassen, bis die Topinamburen gerade weich sind.

2. Jedes Filet in 4 Stücke schneiden und in die Pfanne geben. Mit Salz und Pfeffer würzen und unter gelegentlichem Rühren 10 Minuten weiterköcheln, bis das Fleisch gar ist.

3. Die Estragonzweige entfernen und Senf und Crème fraîche einrühren. Die Hitze erhöhen und die Sauce aufkochen und einkochen lassen. Auf zwei vorgewärmte Teller verteilen und mit Estragon garnieren. Heiß mit gekochtem Reis servieren.

2

3

SÜSSKARTOFFEL-CURRY MIT LINSEN

Dieses Curry ist sehr nahrhaft und sättigend, also ideal für Esser mit großem Appetit auf Würziges. Süßkartoffeln enthalten viel Karotin, senken den Cholesterinspiegel und halten den Heißhunger in Schach.

PORTIONEN: 4 **ZUBEREITEN: 15 MIN.** **GAREN: 45 MIN.**

ZUTATEN

1 TL Pflanzenöl

100 g Süßkartoffeln, in mundgerechten Stücken

75 g Kartoffeln, in mundgerechten Stücken

1 kleine Zwiebel, fein gehackt

1 kleine Knoblauchzehe, fein gehackt

1 kleiner frischer grüner Chili, entkernt and gehackt

½ TL gemahlener Ingwer

50 g grüne Linsen

75–100 ml heiße Gemüsebrühe

½ TL Garam Masala

1 EL Naturjoghurt

Pfeffer

1. Das Öl in einem Topf erhitzen und die Süßkartoffeln darin bei mittlerer Hitze unter gelegentlichem Rühren 5 Minuten dünsten.

2. Inzwischen die Kartoffeln in 6 Minuten in köchelndem Wasser kochen, bis sie fast gar sind. Abgießen und beiseitestellen.

3. Die Süßkartoffeln mit einem Schaumlöffel aus dem Topf heben, dann die Zwiebel hineingeben. Unter gelegentlichem Rühren 5 Minuten glasig dünsten. Knoblauch, Chili und Ingwer zufügen und unter Rühren 1 Minute braten.

4. Die Süßkartoffeln mit Kartoffeln, Linsen und der Hälfte der Brühe zurück in den Topf geben. Mit Garam Masala und Pfeffer abschmecken. Gut verrühren, aufkochen und abgedeckt köcheln lassen.

5. Die Hitze reduzieren und 20 Minuten köcheln lassen. Sollte das Curry zu trocken werden, die restliche Brühe zugießen. Den Joghurt einrühren und heiß servieren.

BEISEITEGELEGT!

GERÖSTETES WURZELGEMÜSE

PORTIONEN: 4–6 **ZUBEREITEN: 15 MIN.** **GAREN: 1 STD.**

ZUTATEN

3 Pastinaken, in 5-cm-Stücken

4 Weiße Rüben, geviertelt

3 Karotten, in 5-cm-Stücken

450 g Butternusskürbis in 5-cm-Stücken

450 g Süßkartoffeln, in 5-cm-Stücken

2 Knoblauchzehen, fein gehackt

2 EL frisch gehackter Rosmarin

2 EL frisch gehackter Thymian

2 TL frisch gehackter Salbei

3 EL Olivenöl

Salz und Pfeffer

2 EL frisch gehackte gemischte Kräuter, z.B. Petersilie, Thymian und Minze, zum Garnieren

1. Den Backofen auf 220°C vorheizen.

2. Alle Gemüsestücke nebeneinander auf ein Backblech legen. Mit Knoblauch, Rosmarin, Thymian und Salbei bestreuen. Das Öl darüberträufeln und alles kräftig mit Salz und Pfeffer bestreuen.

3. Alle Zutaten verrühren, bis sie mit dem Öl überzogen sind. Die Zutaten können ein wenig ruhen, damit das Gemüse die Aromen der Kräuter annimmt.

4. Das Gemüse auf der obersten Schiene im Ofen 50–60 Minuten backen, bis es weich und schön braun ist. Nach der Hälfte der Garzeit einmal wenden. Mit den Kräutern garnieren und sofort heiß servieren.

EXTRA TIPP

Dieses köstliche Röstgemüse ist außen knusprig braun und innen weich und saftig. Es ist die perfekte Beilage für einen Sonntagsbraten oder jede Art von Ofengerichten wie Lasagne. Mit einem Salat kann es auch als veganes Hauptgericht serviert werden.

KOHL-KARTOFFEL-PÜREE

Dieses luftige Püree mit Porree und Kohl ist ein klassisches irisches Gemüsegericht und wird häufig am irischen Nationalfeiertag, dem St. Patrick's Day, am 17. März gegessen. Ihm ist sogar ein Lied gewidmet.

PORTIONEN: 4 **ZUBEREITEN: 15 MIN.** **GAREN: 20–25 MIN.**

ZUTATEN

225 g Spitzkohl, in Streifen geschnitten

225 g mehligkochende Kartoffeln, gewürfelt

1 große Porreestange, gehackt

3 EL Milch

1 Prise frisch geriebene Muskatnuss

Butterflocken

Salz und Pfeffer

1. Den Kohl 7–10 Minuten in einem Topf mit kochendem Salzwasser garen. Gründlich abgießen und beiseitestellen.

2. Inzwischen Salzwasser mit Kartoffeln und Porree in einem zweiten Topf zum Kochen bringen. Die Hitze reduzieren und 15–20 Minuten köcheln lassen, bis die Kartoffeln gar sind. Abgießen, die Milch einrühren und mit Muskat bestreuen. Kartoffeln und Porree gründlich zerstampfen.

3. Den abgetropften Spitzkohl zum Kartoffel-Porree-Püree geben, mit Salz und Pfeffer abschmecken und gut vermischen.

4. Die Mischung auf vorgewärmte Schüsseln verteilen. In die Mitte mit dem Löffelrücken eine Mulde drücken und die Butter hineingeben. Sofort heiß servieren.

1

2

2

KNUSPRIGE KARTOFFELSCHEIBEN

PORTIONEN: 4 **ZUBEREITEN: 15 MIN.** **GAREN: 25 MIN.**

ZUTATEN

500 g festkochende Kartoffeln

50 g Gänse- oder Entenschmalz oder 40 g Butter mit 1 EL Olivenöl vermischt

Salz

1. Leicht gesalzenes Wasser in einem großen Topf zum Kochen bringen. Die Kartoffeln hineingeben, erneut aufkochen und 5 Minuten köcheln lassen. Die Kartoffeln abgießen und pellen, wenn sie ausreichend abgekühlt sind. In dünne Scheiben oder kleine Würfel schneiden.

2. Das Schmalz bei starker Hitze in einer großen Pfanne zerlassen – es darf jedoch nicht rauchen. So viel Fett abgießen, dass es nur noch 5 mm hoch in der Pfanne steht.

3. Die Kartoffeln gleichmäßig in der Pfanne verteilen und die Hitze auf mittlere Stufe reduzieren. Die Kartoffeln 10–12 Minuten braten, bis sie knusprig goldbraun sind. Dabei gelegentlich wenden und die Pfanne rütteln. Mit einem Schaumlöffel auf einen mit Küchenpapier ausgelegten Teller heben und das Fett abtropfen lassen. Mit Salz und Pfeffer bestreut servieren.

3

3

STECKRÜBEN-KARTOFFEL-STAMPF

Dieses Gericht ist schottischen Ursprungs und passt hervorragend zu Bratengerichten, Wurst und Eintöpfen.

PORTIONEN: 5 **ZUBEREITEN: 15 MIN.** **GAREN: 20–25 MIN.**

ZUTATEN

450 g Steckrüben, gewürfelt

250 g mehlig kochende Kartoffeln, gewürfelt

50 g Butter, plus etwas mehr zum Servieren

1 Muskatnuss, zum Reiben

Salz und Pfeffer

frische Petersilienstängel, zum Garnieren

1. Leicht gesalzenes Wasser in einem großen Topf zum Kochen bringen. Steckrüben und Kartoffeln hineingeben und 20 Minuten kochen. Mit der Messerspitze den Gargrad prüfen. Falls sie noch nicht gar sind, 5 Minuten weiterköcheln lassen. Gut abgießen.

2. Steckrüben und Kartoffeln in den leeren Topf zurückgeben und einige Minuten erhitzen, sodass sie ganz trocken sind. Die Butter zugeben und mit einem Kartoffelstampfer pürieren.

3. Kräftig mit Salz und Pfeffer abschmecken und verrühren. Muskatnuss darüberreiben und sofort mit Petersilie und Butterflocken servieren.

EXTRA TIPP

Die Steckrübe ist wegen ihres Wassergehalts das kalorienärmste Wurzelgemüse. Ursprünglich ist sie eine Kreuzung aus Kohl und Rübe.
Dieses Gericht schmeckt übrigens auch mit Schnittlauch und Zwiebeln sehr gut.

1

2

2

GLASIERTE PASTINAKEN

Diese leicht karamellisierten Pastinaken bilden eine wunderbare Beilage zu Bratengerichten. Sie sind auch perfekt für besondere Gelegenheiten wie Weihnachten oder Ostern.

PORTIONEN: 8 **ZUBEREITEN: 5 MIN.** **GAREN: 30–40 MIN.**

ZUTATEN

24 kleine Pastinaken, längs halbiert

ca. 1 TL Salz

120 g Butter

120 g brauner Zucker

1. Die Pastinaken in einen Topf geben und mit Wasser bedecken. Das Salz zufügen. Das Wasser zum Kochen bringen, die Hitze reduzieren und 20–25 Minuten köcheln lassen, bis die Pastinaken weich sind. Gut abgießen.

2. Die Butter in einer schweren Pfanne zerlassen. Die Pastinaken hineingeben und rühren. Mit dem Zucker bestreuen und garen. Dabei ständig rühren, damit der Zucker nicht an der Pfanne klebt.

3. Die Pastinaken 10–15 Minuten garen, bis sie goldbraun glänzen. In eine vorgewärmte Schüssel geben und sofort servieren.

EXTRA TIPP

Die Pastinake ist eng mit der Karotte verwandt und hat auch ähnliche gesundheitliche Vorzüge. Sie enthält viele Ballaststoffe für den Verdauungsapparat.

KARAMELLISIERTE SÜSSKARTOFFELN

PORTIONEN: 4 **ZUBEREITEN: 10 MIN.** **GAREN: 1¼ STD.**

ZUTATEN

450 g Süßkartoffeln, gewaschen, aber nicht geschält
50 g Butter, plus etwas mehr zum Einfetten
50 g brauner Zucker, Ahornsirup oder Honig
2 EL Orangen- oder Ananassaft
50 g Ananasstücke (nach Geschmack)
1 Prise geriebener Zimt, Muskatnuss oder Lebkuchengewürz (nach Belieben)
Salz

1. Leicht gesalzenes Wasser in einem großen Topf zum Kochen bringen. Die Süßkartoffeln hineingeben, erneut aufkochen und 30–45 Minuten köcheln lassen, bis die Süßkartoffeln fast gar sind. Leicht abkühlen lassen und pellen.

2. Den Backofen auf 200 °C vorheizen. Eine Auflaufform einfetten. Die Süßkartoffeln in dicke Scheiben schneiden und in die vorbereitete Auflaufform geben.

3. Die Butter in kleine Würfel schneiden und darübergeben.

4. Mit dem Zucker bestreuen und mit dem Orangensaft beträufeln. Ananasstücke und Gewürz darübergeben. 30–40 Minuten unter mehrmaligem Wenden im vorgeheizten Ofen goldbraun backen.

5. Die Süßkartoffeln aus dem Ofen nehmen und direkt aus der Form heiß servieren.

EXTRA TIPP

Süßkartoffeln haben wenig Kalorien und einen niedrigen glykämischen Index. Deshalb sind sie ideal für Figurbewusste.

1

2

4

FRISCHE BEWAHREN!

Wurzelgemüse hält sich am besten an einem kühlen, dunklen Ort ohne Zugluft, aber nicht unbedingt im Kühlschrank (siehe unten). Ideal sind eine relative Luftfeuchtigkeit von 70–80 % und eine Temperatur von 3–5 °C. Frisch geerntet können sie über Monate frostfrei in Keller oder Garage gelagert werden. Je nachdem, wann gekauftes Wurzelgemüse geerntet wurde, kann es für mehrere Tage an einem kühlen Ort in einem Folienbeutel mit Luftlöchern aufbewahrt werden. Das Gemüse darf beim Einfüllen nicht beschädigt sein oder faule Blätter haben und muss absolut trocken sein, um Kondenswasserbildung und Fäulnis zu vermeiden.

Wurzeln, die die Temperatur des Kühlschranks gut vertragen, sollten ungewaschen im Gemüsefach aufbewahrt werden, wo die Temperatur etwas gemäßigter ist – am besten in (Zeitungs-)Papier eingewickelt. Das Papier saugt die Feuchtigkeit auf und sorgt so für die Umgebung, die die Wurzeln lieben. Für manche Arten wie etwa Rettich oder Radieschen ist ein Kunststoffbeutel besser geeignet, da sie eine geschlossene feuchte Umgebung benötigen.

Wenn Sie Wurzeln mit Blättern und Stängeln kaufen, entfernen Sie diese vor dem Aufbewahren, wobei Sie von den Stängeln ein paar Zentimeter stehen lassen. Blätter erwecken zwar den Eindruck von Frische, aber leider verwelken sie schnell, und die Wurzel selbst verliert über die Blätter an Feuchtigkeit.

LAGERZEITRÄUME

Die im Folgenden genannten Zeiträume gelten für gekauftes Gemüse, das im Kühlschrank oder an einem kühlen, dunklen Ort gelagert wird. Die Zeiten hängen davon ab, wann das Gemüse geerntet wurde, wie es bis zum Verkauf gelagert wurde und natürlich, wie lange es im Geschäft lag.

Karotte: jung 3–4 Tage, reif 1–2 Wochen

Kartoffel: 1 Woche, idealerweise in einem lichtdichten Sack. Nicht im Kühlschrank, da sie dadurch süßlich werden

Pastinake: 1 Woche

Rettich: 3–4 Tage im Kühlschrank, in ein feuchtes Papiertuch gewickelt und in einem verschlossenen Kunststoffbeutel

Rote Bete: 7–10 Tage

Sellerieknolle: in Frischhaltefolie gegen Austrocknen eingewickelt 1 Woche

Steckrübe: 3–4 Wochen

Süßkartoffel: 3–4 Wochen

Topinambur: 7–10 Tage

Weiße Rübe: jung 1 Woche, reif 2–3 Wochen

Yamswurzel: 7–10 Tage. Nicht im Kühlschrank,

WURZELGEMÜSE-FRITTEN

Diese Wurzelgemüse-Fritten sind eine prima Alternative zu Pommes frites. Man benötigt weniger Öl, sodass man gleichzeitig noch etwas für die Gesundheit tut.

PORTIONEN: 4 **ZUBEREITEN: 10 MIN.** **GAREN: 25 MIN.**

ZUTATEN

900 g jede Kombination von Pastinaken, Steckrüben, Weiße Rüben und Karotten, in 5-cm-Stifte geschnitten

2 EL Pflanzenöl

1 TL Salz

Meersalz, zum Servieren

1. Den Backofen auf 230 °C vorheizen.

2. Das gestiftelte Gemüse mit Öl und Salz vermengen. Nebeneinander auf einem Backblech verteilen und im vorgeheizten Ofen 20 Minuten backen. Zur Häfte der Garzeit einmal wenden, damit die Fritten gleichmäßig bräunen und garen. Aus dem Ofen nehmen und den Backofengrill auf mittlerer Stufe vorheizen.

3. Die Fritten 2–3 Minuten unter den Backofengrill schieben, bis sie knusprig sind. Einmal wenden und 2 Minuten von der anderen Seite weitergrillen. Mit etwas Meersalz bestreut sofort servieren.

2

3

RÖSTKARTOFFELN MIT SCHALOTTEN

PORTIONEN: 4 **ZUBEREITEN: 15 MIN.** **GAREN: 1 STD.**

ZUTATEN

1 kg kleine Kartoffeln
6 EL Olivenöl
2 frische Rosmarinzweige
150 g Mini-Schalotten
2 Knoblauchzehen, in Scheiben
Salz und Pfeffer

1. Den Backofen auf 200 °C vorheizen. Die Kartoffeln schälen und in Spalten schneiden. Die Kartoffeln in einen Topf mit leicht gesalzenem Wasser geben und dieses zum Kochen bringen. Die Hitze reduzieren und 5 Minuten köcheln lassen.

2. Das Öl in einem Bräter auf dem Herd erhitzen. Die Kartoffeln gut abgießen und in den Bräter geben. Die Nadeln der Rosmarinzweige abstreifen, hacken und über die Kartoffeln streuen.

3. Die Kartoffeln 35 Minuten im vorgeheizten Ofen backen, dabei zweimal wenden. Schalotten und Knoblauch zugeben und 15 Minuten weiterbacken, bis sie goldbraun sind. Mit Salz und Pfeffer nach Geschmack bestreuen.

4. In eine vorgewärmte Servierschüssel umfüllen und heiß servieren.

EXTRA TIPP

Am besten verwenden Sie für dieses Rezept eine festkochende Kartoffelsorte der Saison. Kartoffeln enthalten viele Mineralien, die gut für Hirn und Muskeln sind, sodass Denken und Bewegen in Schwung bleiben.

SÜSSKARTOFFELPÜREE MIT PETERSILIENBUTTER

PORTIONEN: 4 **ZUBEREITEN: 10 MIN.** **GAREN: 25 MIN.**

ZUTATEN

70 g weiche Butter,
2 EL frisch gehacke Petersilie
900 g Süßkartoffeln, abgebürstet
Salz

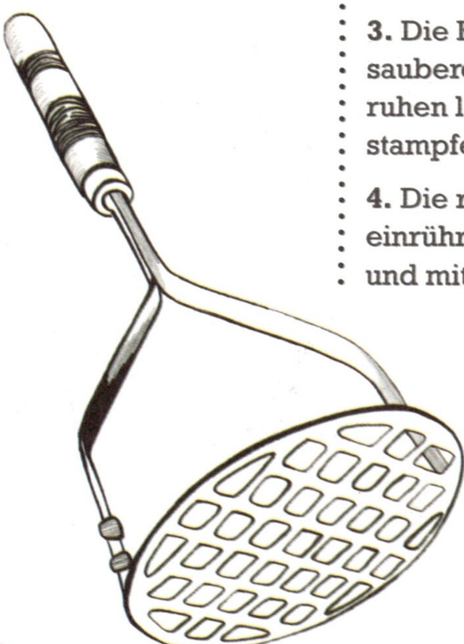

1. 45 g Butter mit der Petersilie in eine Schüssel geben und vermischen. Auf ein Stück Alu- oder Frischhaltefolie legen und zu einem Würfel formen. Bis zum Verzehr in den Kühlschrank stellen.

2. Die Süßkartoffeln in gleich große Stücke schneiden. In einem großen Topf leicht gesalzenes Wasser zum Kochen bringen, die Süßkartoffeln hineingeben, erneut aufkochen und abgedeckt 15–20 Minuten köcheln lassen.

3. Die Kartoffeln abgießen, den Topf mit einem sauberen Küchentuch abdecken und 2 Minuten ruhen lassen. Pellen und mit einem Kartoffelstampfer zerstampfen.

4. Die restliche Butter zufügen und gleichmäßig einrühren. Das Püree in eine Servierschüssel füllen und mit Petersilienbutter garniert heiß servieren.

VICHY-KAROTTEN MIT PETERSILIE

Dieses Gericht stammt ursprünglich aus Frankreich und ist nach der mittelfranzösischen Stadt benannt. Original müsste das Gericht mit Vichy-Wasser zubereitet werden, aber jedes andere Wasser tut's auch!

PORTIONEN: 4-6 **ZUBEREITEN:** 10–15 MIN. **GAREN:** 10-15 MIN.

ZUTATEN

2 EL Butter

450 g Karotten, in 5 mm dicke Scheiben geschnitten

1 EL Zucker

1 Flasche Vichy-Wasser

Salz und Pfeffer

2 EL frisch gehackte glatte Petersilie

1. Die Butter in einem großen, schweren Topf bei mittlerer Hitze zerlassen. Die Karotten zugeben, den Zucker einrühren und mit Salz und Pfeffer würzen.

2. So viel Vichy-Wasser zugießen, dass die Karotten 5 cm bedeckt sind, und dieses zum Kochen bringen. Die Hitze reduzieren und die Karotten ohne Deckel köcheln lassen, bis sie weich und glänzend sind und die Flüssigkeit eingekocht ist.

3. Eventuell etwas nachwürzen, die Karotten in eine Servierschüssel füllen und die Petersilie einrühren. Sofort servieren.

2

3

ROTE-BETE-SALAT

PORTIONEN: 4–6

ZUBEREITEN: 20 MIN. PLUS KÜHLEN

GAREN: 25–40 MIN.

ZUTATEN

900 g Rote Bete
4 EL natives Olivenöl extra
1½ EL Rotweinessig
2 Knoblauchzehen, fein gehackt
2 Frühlingszwiebeln, sehr fein gehackt
Salz

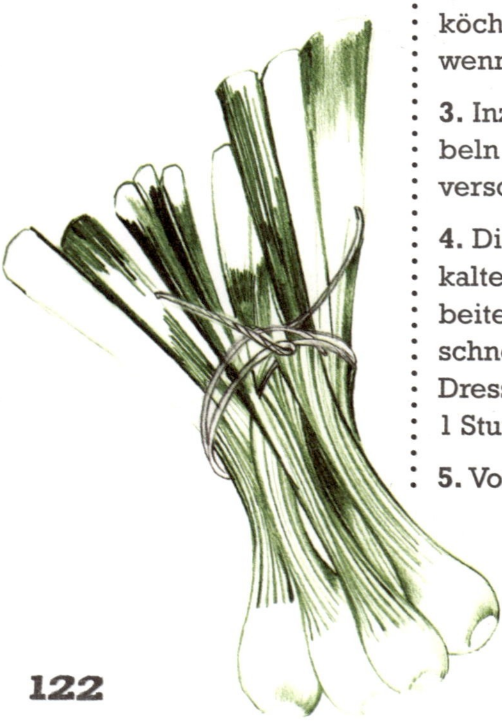

1. Vorsichtig die Wurzeln von den Roten Beten abschneiden, ohne dass die Schale beschädigt wird. Dann die Sprossen abschneiden. Die Rote Beten unter fließend kaltem Wasser abspülen, ohne die Schale zu beschädigen.

2. Die Roten Beten in einen Topf setzen, mit Wasser bedecken und zum Kochen bringen. Abdecken, die Hitze reduzieren und je nach Größe 25–40 Minuten köcheln lassen, bis die größte Wurzel weich ist, wenn man mit einem Messer hineinsticht.

3. Inzwischen Öl, Essig, Knoblauch, Frühlingszwiebeln und Salz in ein Schraubglas füllen. Das Glas verschließen und schütteln. Beiseitestellen.

4. Die Roten Beten abgießen und unter fließend kaltes Wasser halten, bis sie kalt genug zum Bearbeiten sind. Dann schälen. In Stücke oder Scheiben schneiden, in eine Schüssel geben und mit dem Dressing begießen. Abdecken und mindestens 1 Stunde in den Kühlschrank stellen.

5. Vor dem Servieren noch einmal durchrühren.

KAROTTENDIP MIT FETA

Das leuchtende Orange der Karotten signalisiert ihren hohen Anteil an Beta- und Alphacarotinen. Diese verjüngen die Haut und andere Organe.

PORTIONEN: 4–6 **ZUBEREITEN:** 15 MIN. **GAREN:** 40 MIN.

ZUTATEN

500 g Karotten, in dicken Stücken

100 ml natives Olivenöl extra

2 TL Kreuzkümmelsamen,

120 g Feta oder fester Ziegenfrischkäse, zerbröselt

Salz und Pfeffer

1 kleines Bund frisch gehackter Koriander, zum Garnieren

1. Den Backofen auf 200 °C vorheizen. Die Karotten in eine Auflaufform geben, das Öl darübergießen und mit Alufolie abdecken. 25 Minuten im vorgeheizten Ofen backen.

2. Inzwischen eine schwere Pfanne auf mittlerer Stufe erhitzen. Die Kreuzkümmelsamen 3–4 Minuten darin unter ständigem Rühren rösten, bis sie zu duften beginnen. Abkühlen lassen und im Mörser oder in einer elektrischen Mühle zu einem Pulver zermahlen.

3. Die Folie von der Auflaufform entfernen, den gemahlenen Kreuzkümmel einrühren und 15 Minuten weiterbacken, bis die Karotten weich sind.

4. Die Karotten mit einer Gabel zerdrücken, dabei mit dem Öl aus der Form vermischen, oder mit einem Stabmixer pürieren. Mit Salz und Pfeffer abschmecken und in eine Schüssel füllen. Mit dem Feta bestreuen und mit dem Koriander garnieren. Warm oder bei Raumtemperatur servieren.

ROTE-BETE-HUMMUS

Dies ist eine kleine Revolution in der Hummus-Tradion. Durch die leuchtende Farbe und den Geschmack der Roten Bete erhält das Hummus ein besonderes Aussehen mit vollem Geschmack.

PORTIONEN: 4–6 **ZUBEREITEN: 10 MIN.** **GAREN: OHNE**

ZUTATEN

400 g Kichererbsen aus der Dose, abgespült und abgetropft
1 Knoblauchzehe, grob gehackt
100 g gegarte Rote Bete
1½ EL Tahini
Saft von ½ Zitrone
3 EL Olivenöl
Salz und Pfeffer
Rohkost, zum Servieren

1. Kichererbsen, Knoblauch und Rote Bete in einer Küchenmaschine oder mit einem Stabmixer grob pürieren.

2. Tahini und Zitronensaft zugeben und weitermixen, dabei so viel Olivenöl zugießen, bis die gewünschte Konsistenz erreicht ist. Mit Salz und Pfeffer abschmecken.

3. Das Hummus mit der Rohkost servieren.

EXTRA TIPP

Die dunkelgrünen Blätter der Roten Bete können auch verzehrt werden. In Scheiben geschnitten und gedämpft sind sie wie die Wurzeln reich an Vitaminen, Mineralien und Karotinen.

REGISTER